Köstliches aus der alten hessischen Küche

„Mir esse lieber was Gudes
als was Schlechtes
und lieber ab un zu emal e bissi zuviel
als dauernd zu wenisch“

Guten Appetit wünscht

kämpf+co

Köstliches aus der alten hessischen Küche

von Anne Vollmerhaus

Kock

Mit dem Duft von Gewürzen, den der aufmerksame Leser beim Durchblättern des Buches bemerken wird, wurde das Papier während der buchbinderischen Verarbeitung angereichert.

Der Gewürzduft entweicht mit der Zeit bei häufigem Gebrauch!

Rezepte: Anne Vollmerhaus
Redaktion: Hans-Peter Kock

Druck: E. Strothmann, 4800 Bielefeld

Vorwort

Gerade heute, in einer Zeit, in der sich die Gastronomie, aber auch unsere Hausfrauen gern für ausländische Eß- und Trinkgewohnheiten interessieren und fremdländische Gerichte in ihr Repertoire aufgenommen haben, ist es uns ein Bedürfnis, die heimische Küche wieder mehr in unser Bewußtsein zu rücken.

Wir wollen feststellen, ob nicht auch hier „verborgene Schätze" ruhen, die es sich zu „heben" lohnt, um unseren gewohnten Speisezettel mit den alten Gerichten unserer Großmütter zu bereichern – Gerichte, die wir teilweise noch aus unserer Jugendzeit her kennen, deren Namen wir jedoch vergessen haben.

Sicherlich ist es gerade in unserer hessischen Heimat nicht leicht, auf Anhieb für dieses Land typische Gerichte zu nennen. Schließlich liegt dieser Kulturbereich in der Mitte Deutschlands und wurde somit in seinen Eß- und Trinkgewohnheiten von den angrenzenden Ländern stark beeinflußt bzw. durchdrungen.

Doch bei intensivem Suchen entdecken wir, daß viele Gerichte aufgrund anderer Zutaten oder der Art und Weise ihrer Bereitung durchaus eine eigene hessische

„Prägung" haben. Auch Friedrich Stoltze, der Frankfurter Mundartdichter, wußte in seinen Anekdoten von typisch hessischen „Mahlzeiten" zu berichten!

Es fällt auf, daß die Hessen nicht nur eifrige Wein- und besonders „Ebbelwoi"-Genießer sind, und daraus auch Suppen und Soßen machen, sondern daß sie offensichtlich auch eine Vorliebe für Gerichte mit Hefe- und Kartoffelklößen hatten, die sie gern mit Dörrobst kombinierten.

Daß die Hugenotten aus Frankreich und die napoleonischen Soldaten auch Französisches wie zum Beispiel die „Grüne Soße" oder die „Französisch Supp" mitbrachten, überrascht uns nicht.

Mit diesem Buch wollen wir nicht den Anspruch auf Vollständigkeit erheben, sondern Ihnen lediglich eine „Kostprobe" der interessantesten hessischen Gerichte geben.

Gleichzeitig ist es unser Wunsch, unsere Leser dazu zu animieren, weitere alte Koch- oder Backrezepte aus dem Hessischen „aufzustöbern" und uns einzusenden, damit unsere Sammlung für eine spätere Nachauflage weiter vervollständigt werden kann.

Und nun viel Glück beim Ausprobieren der Rezepte – „guten Appetit, und nix vertrebbelt un nix verschitt!"

Autorin und Herausgeber

Nieder-
sachsen
Habichts-
wald
Weser
Westfalen
Korbach
Kassel
Werra
Kaufunger
Wald
Rothaar-Gebirge
Eder
Frankenberg
Thüringen
Knüll-
Gebirge
Bad Hersfeld
Marburg
Westerwald
Fulda
Rhön
Gießen
Vogels-
berg
Fulda
Lahn
Rheinland
Limburg
Wetterau
Nidda
Taunus
Kinzig
Rhein
Frankfurt
Hanau
Bayern
(Franken)
Wiesbaden
Main
Darmstadt
Rheinland-
Pfalz
Rhein
Odenwald
Baden-Württemberg
Neckar

Inhalt:

Suppen und Eintöpfe

Was man zum Ebbelwoi verzehrt

Klöße, Aufläufe, Pfannkuchen

Fleisch-, Wild- und Fischgerichte

Süßspeisen

Gebäck

Getränke

Suppen und Eintöpfe

Quer durch de Gadde

oder „Französisch Supp" – alles, was ein Frühsommergarten zu bieten hat!

200 g junge Erbsen, 150 g junge Bohnen, 200 g Kartoffeln (neue Ernte), 1 Kohlrabi, 3–4 Möhren, 3–4 Stangen Spargel, 1 Stange Lauch, 1/4 Sellerieknolle, 1 Bund Petersilie
Für die Brühe:
500 g Suppenknochen (Rind), 500 g Suppenfleisch, 1 Zwiebel

Knochen mit der Zwiebel in 1 Liter kaltem Salzwasser aufsetzen und 30 Min. kochen, dann Fleisch einlegen und bei kleiner Hitze 1 1/2 Std. garen lassen. Ab und zu abschäumen!
In der Zwischenzeit Gemüse putzen und in kleine Würfel oder Stücke schneiden. Alles in ca. 50 g Schmalz – besser noch ausgelassenem Knochenmark – anrösten. Gehen Sie beim Wenden „zärtlich" mit dem Junggemüse um! 1/4 Liter heißes Wasser zugießen und köchelnd

garen. Das Gemüse muß noch „Biß” haben und darf nicht zu Brei werden! Dann die durchgesiebte Fleischbrühe aufgießen, das gewürfelte Suppenfleisch einlegen, nochmals kurz aufwallen lassen und mit gehackter Petersilie bestreuen. Mit Weißbrot servieren!

Mein Tip: Ziehen Sie die harte pergamentartige Haut von einigen besonders fleischigen Erbsenhülsen ab und geben Sie diese absolut zarten Hülsen dann grob geschnitten und als Letztes zum Gemüse. Es lohnt sich!

Französische Kasserolle.

Schnitz & Schnitz

der bekannte hessische Eintopf aus „Hutzeln" (getrockneten Birnen) und Kartoffelschnitzeln.

500 g Kartoffeln, 500 g Hutzeln, 400 g durchw. Speck, 1 Liter Wasser, Salz

Hutzeln über Nacht in Wasser einweichen.
Im kalten Einweichwasser mit gewürfeltem Speck aufsetzen und auf kleiner Flamme 30 Min. ziehen lassen.
Geschälte Kartoffeln in kleine Stücke (Schnitzel) schneiden, salzen und mit den Birnen weitere 30 Min. im Topf garen. Kartoffeln und Birnen sollten nicht zerkochen!

Besonders im Spessart und Odenwald ein beliebtes, altes Eintopfgericht, das regional verschieden, sowohl mit anderem Dörrobst als auch mit Dörrfleisch variiert wird.

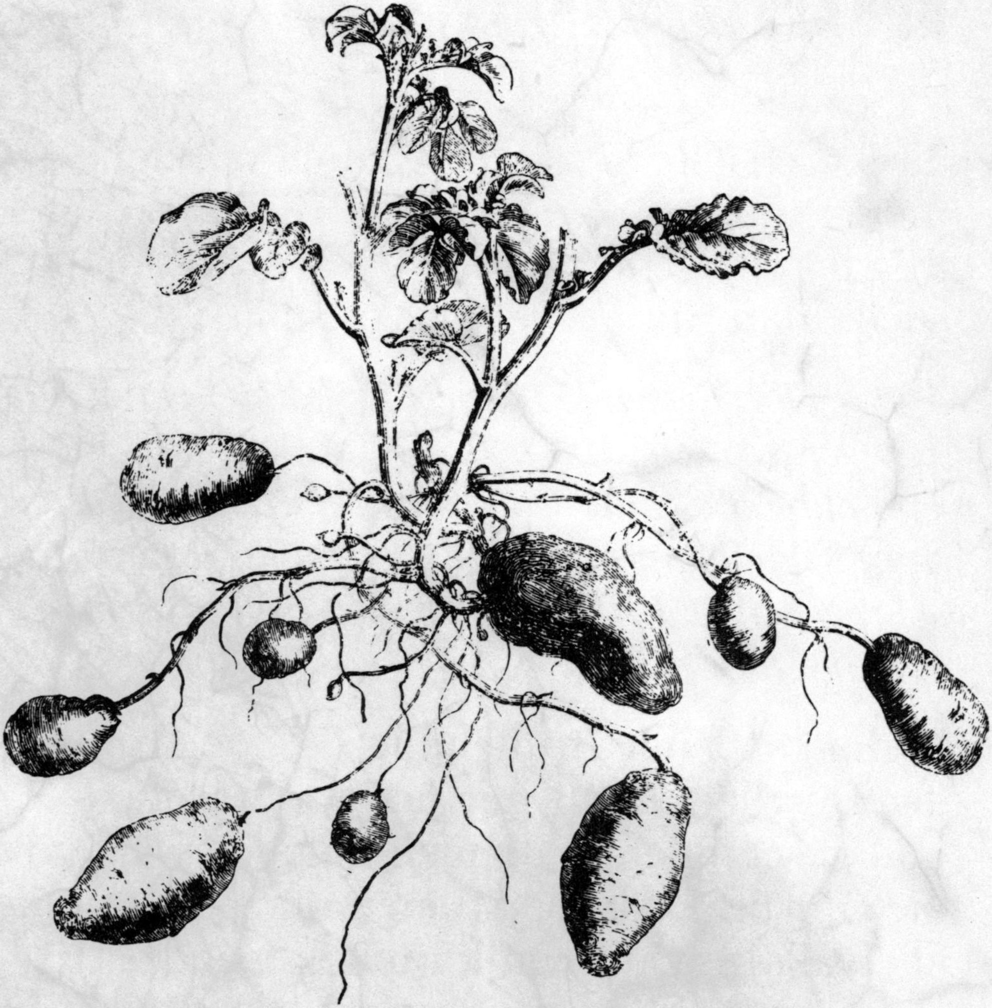

Die Kartoffel wurde Ende des 16. Jahrhunderts von Südamerika nach Europa eingeführt und zählt erst seit der Zeit zu den wichtigsten Grundnahrungsmitteln Mitteleuropas.

Blind Hinkel

der geschätzte hessische Eintopf mit dem merkwürdigen Namen: Blind Hinkel = Blindes Huhn. In der Tat, in diesem Eintopf sucht man Hühnerfleisch vergeblich!

500 g Dörrfleisch, 750 g Kartoffeln (neue Ernte!), 500 g Karotten, 500 g Brechbohnen, 1/2 Liter Fleischbrühe (oder auch Wasser), 1 Eßl. Butter oder Knochenmark, 1 Eßl. Petersilie, Salz zum Abschmecken, 1 Prise Zucker, den Saft 1 kleinen Zitrone.

In die kochende Brühe (oder Wasser) zunächst das Dörrfleisch, die gewürfelten Karotten und geschnittenen Bohnen hineingeben, dann die Gewürze darüberstreuen und obenauf die ebenfalls gewürfelten Kartoffeln geben.
Eine Stunde kochen lassen. Eventuell Flüssigkeit nachgießen, aber nicht umrühren.
Vor dem Anrichten Butter und Petersilie vorsichtig unterrühren.

Kerbelsuppe

fast in Vergessenheit geraten, urwüchsig aber schmackhaft!

350 g Lauch, 350 g Kartoffeln, 2 Bund Kerbel, 1 Liter Fleischbrühe, 1/8 Liter süße Sahne, 50 g Butter, Salz und weißen Pfeffer zum Abschmecken.

Den geputzten und gewaschenen Lauch würfeln, ebenso die Kartoffeln; beides in Butter kurz anbraten, mit der Fleischbrühe auffüllen und 40 Min. zugedeckt kochen lassen.
Dann durch ein Sieb passieren oder mit dem Mixer pürieren und wieder in den Topf geben.
Den feingehackten Kerbel zur Suppe geben, mit Salz und weißem Pfeffer abschmecken, kurz aufwallen lassen und vor dem Anrichten die Sahne einrühren. Nicht mehr kochen.

Praktischer Löffelhalter.

Erbsensuppe

als Hauptmahlzeit mit „Eierschwämmscher".

500 g frische Erbsen, 200 g Kartoffeln, 1 Stange Lauch, 2 kleine Zwiebeln, 1 kleine Sellerieknolle, 4 frische, gelbe Rüben, 2 Liter Fleischbrühe, 1 Schinkenknochen, 100 g Speck, 1–2 Speckschwarten, 1 Lorbeerblatt, etwas Majoran, Salz, 1 Eßl. Schmalz.

Schmalz erhitzen, darin gewürfelten Speck und Zwiebeln andünsten und mit der Fleischbrühe auffüllen.
Schinkenknochen, Speckschwarte und Erbsen dazugeben und aufkochen lassen.
Gelbe Rüben, Lauch, Sellerie und Kartoffeln zerkleinern, mit Salz, Majoran und dem Lorbeerblatt in die Suppe geben und bei kleiner Hitze 1 1/2 Std. garen.
Dazu oder zum Nachtisch „Ebbelränzscher". (Rezept siehe Seite 114. Rezept für „Eierschwämmscher" siehe Seite 22!)

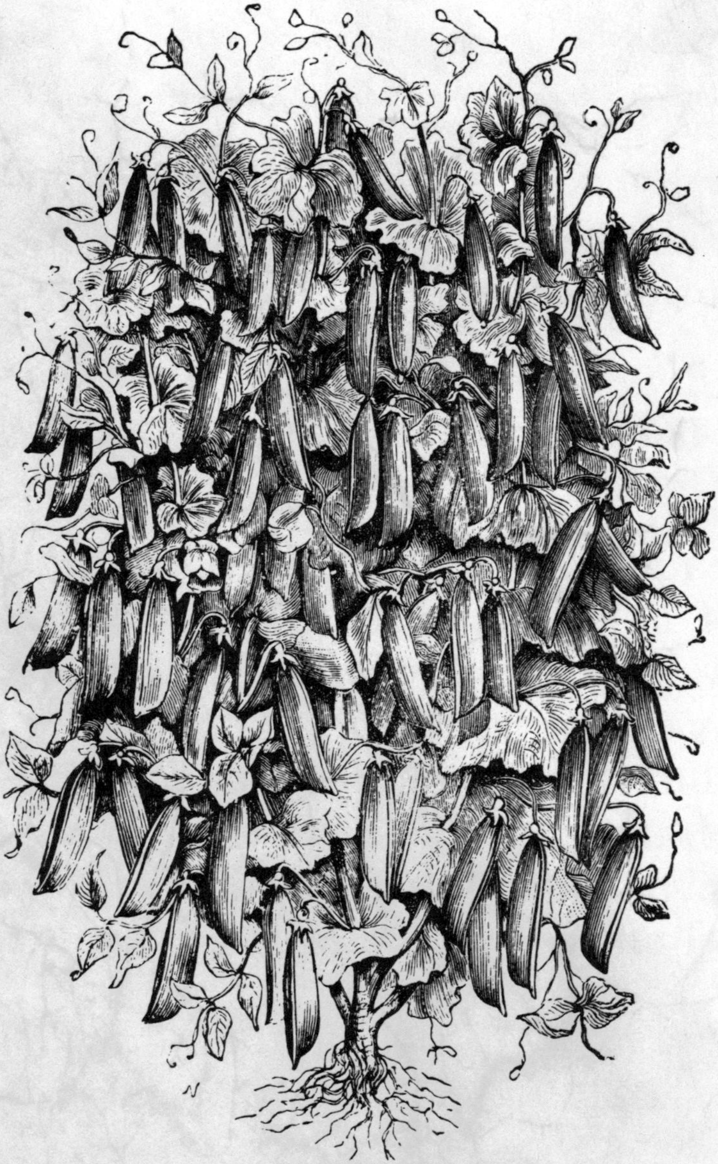

Die Erbse gehört nachweislich zu den ältesten vom Menschen in Kultur genommenen Pflanzen und wurde bereits 5–7000 Jahre v. Chr. in Vorderasien angebaut.

Eierschwämmscher

oder Eierschwämmchen als Einlage für die Erbsensuppe.

125 g Butter, 2 Eier, 2 Eigelb, 65 g Mehl, Salz, Muskat, feingehackte Kräuter, 1 Liter Wasser, 1 Eßl. Salz.

Butter auslassen, Eier und Eigelb darunterschlagen, Mehl hineinsieben und gut verrühren. Mit Salz, Muskat und Kräutern abschmecken und den Teig etwa 1/2 Std. ruhen lassen.
Dann den Teig mit einem nassen Löffel ausstechen und in siedendes Salzwasser geben, 10 Minuten ziehen lassen, damit sich die „Schwämmscher" festigen. Dann in die Suppe geben.

Legenest

Linsensuppe

nicht nur im Hessischen kocht man samstags Linsensuppe.

300 g Linsen, 200 g Speckschwarten, 3 mittelgroße Zwiebeln, 1 Bund Suppengrün, 1/2 Liter Wasser, 1/2 Liter Fleischbrühe, 3 Eßl. Essig, 1 Eßl. Zucker, 100 g geräucherten Speck (der fett sein darf), Salz, Pfeffer

Linsen am Vortag in Wasser einweichen.
2 Zwiebeln vierteln, Suppengrün schneiden, mit den Schwarten und der Fleischbrühe zu den eingeweichten Linsen geben und 45 Minuten schwach kochen lassen.
Schwarte herausnehmen, Suppe mit Gewürzen abschmecken, nochmals aufkochen lassen und warmstellen.
In einer Pfanne gewürfelten Speck mit feingeschnittenen Zwiebeln knusprig braun braten und über die angerichtete Suppe geben.

Hessische Kartoffelsuppe

die sämige – seit alters her eine beliebte Hauptmahlzeit

100 g durchwachsenen Speck, 4 mittelgroße Zwiebeln, 1 Stange Lauch, 1/2 Sellerieknolle, 3 Möhren, 1 kg Kartoffeln, 1 Eßl. Schweineschmalz, 1 Liter Fleischbrühe, 1 Lorbeerblatt, 3 Wacholderbeeren, Salz, Pfeffer, 1 Prise Zucker, 2 Scheiben Weißbrot, 1/4 Liter Sahne.

Alle Gemüsezutaten, bis auf 2 Zwiebeln putzen, waschen und würfeln. Kartoffeln schälen und in Scheiben schneiden.
Schmalz erhitzen und darin den gewürfelten Speck ausbraten, das vorbereitete Gemüse zugeben und kurz anbraten, die Kartoffeln zugeben und mit Fleischbrühe auffüllen.
Lorbeerblatt und Wacholderbeeren in den Topf geben, salzen und pfeffern. 30 Minuten kochen

lassen. Inzwischen die restlichen 2 Zwiebeln in Ringe schneiden und in Butter goldgelb braten. Weißbrot in Würfel schneiden und in Butter knusprig rösten.
Die gegarte Suppe kräftig mit dem Schneebesen glattrühren, mit Zucker abschmecken, Sahne unterziehen und in eine vorgewärmte Terrine füllen.
Obenauf die Weißbrotwürfel und die Zwiebelringe legen.

Suppenterrine

Sauerampfersuppe

von selbstgesammelten Sauerampferblättern wie Oma sie kochte!

1 Liter Fleischbrühe, 4 Eßl. feingehackten Sauerampfer, 4 Scheiben Weißbrot, 3 Eigelb, 3 Eßl. Sahne, 1 Prise geriebene Muskatnuß, Butter und Salz.

Sauerampfer in Butter andünsten, mit heißer Fleischbrühe übergießen und kurz aufkochen lassen.
Das geriebene Weißbrot in die Suppe geben und so lange köcheln lassen, bis durch das Weißbrot die Suppe gebunden ist.
Eigelb mit Sahne und Muskatnuß verquirlen und unter die vom Feuer genommene Suppe geben. (Holzlöffel nehmen!)

Sauerampfer enthält Oxalsäuresalz und sollte daher nicht in einem Metalltopf gekocht werden.

Großblättriger Sauerampfer

Ebbelwoisupp

daß man aus Apfelwein eine Suppe und noch viel mehr machen kann, ist für die Hessen selbstverständlich!

1 1/2 Liter Apfelwein, 1/2 Liter Wasser, 1 Zimtstange, 2 Zitronenscheiben (ungeschält), 130 g Zucker, 1 Eßl. Mehl, 2–3 Eigelb.

In einem emaillierten Topf (auf keinen Fall in einem Metalltopf!) alle Zutaten – außer dem Mehl und Eigelb – langsam erhitzen und 15 Min. leicht kochen lassen.
Dann Mehl mit Wasser in einer Tasse glattrühren und mit dem Schneebesen unter ständigem Schlagen in den Apfelweinsud geben. Nochmals 5 Min. kochen lassen.
Topf vom Feuer nehmen, die Eidotter unterschlagen und servieren.
Ebbelwoisuppe wird im Sommer auch gern kalt gegessen!

Abschmecken mit dem Holzlöffel

Weinsuppe

wie man sie im Rheingau kennt:

Man rührt einen Kochlöffel Mehl mit frischem Wasser glatt, gibt das Gelbe von 10–12 Eiern nebst 300 Gramm Zucker, einem Stückchen Zimt und etwas Zitronenschale dazu und rührt dieses auf schwachem Kohlenfeuer mit 2 Maß (2 1/10 Liter) gutem, weißen Wein bis zum Aufkochen an.
Dieser Suppe wird beim Anrichten der allenfalls noch fehlende Zucker und ein großes Stückchen ganz frische Butter zugesetzt und schließlich kochendheiß durch ein Haarsieb in die Suppenterrine geseiht.
Man verziere die Suppe mit Zucker-Croutons oder „Schwäncher” (geschlagenes Eiweiß mit Zucker)!

Der Winzer.

Macht euch zum Grab geschickt, eh euch der Tod abpflückt.

Die Zeit legt zu des Winzers Füssen
der Safft-gefüllten Trauben Frucht;
und stoltze Schönheit die heut lacht,
wird morgen in die Kelter müssen,
wo Schmertz und Tod die Krafft austreibet,
daß nur die leere Hülse bleibet.

Was man zum Ebbelwoi verzehrt

Handkäs mit Musik

die urige Sachsenhäuser Spezialität für zwischendurch – hauptsächlich aber zum Ebbelwoi!

Handkäs, möglichst aus Langgöns in der Wetterau, und der muß „dorsch und dorsch dorsch" sein, also möglichst „durch und durch durchgereift", denn so schmeckt er besser und ist leichter verdaulich.
Handkäs kann sowohl allein mit Butter auf frischem Bauernbrot (dann aber mit Kümmel oder Paprika) als auch mit besagter „Musik", einer Marinade aus Essig und etwas Öl mit feingehackten Zwiebeln, Salz, Pfeffer oder Kümmel gegessen werden. Nach dem Anrühren sollte man diese Marinade noch etwa 2 bis 3 Std. ziehen lassen.
Warum sie Musik heißt, werden Sie sehr bald nach dem Genuß begreifen!

Wenn Sie nicht als „Eingeplackter" gelten wollen, so essen Sie einen Handkäs nicht mit Messer und Gabel, sondern immer nur mit dem Messer, wie es in Sachsenhausen üblich ist.

*„Jeder Sachsehäuser is aach en Frankforter,
abber net jeder Frankforter is en Sachsehäuser!"*

Sachsenhäuser Schneegestöber

auch hier wieder: Käse mit Gewürzen und Zwiebeln – und dazu Ebbelwoi!

1/2 Camembert, 1 Stück Frischkäse, 1 Eßl. Butter, 1 Zwiebel, frisch gemahlenen Pfeffer, Petersilie.

Camembert und Frischkäse mit der Gabel zerdrücken und mit Butter gut vermengen.
Mit kleingehackter Zwiebel und Pfeffer würzen und zum Schluß mit Petersilie garnieren.
Dazu gibt es frisches Brot.

Königin-Zwiebel

Alte Käsepresse Anfang 19. Jahrhundert

Rippscher mit Kraut

oder „Frankforter Gebabbel – schee saftig un nett zu fett!"

Je nach Bedarf 4–8 Rippchen, 1 Liter Wasser, 1 Zwiebel, 1 Lorbeerblatt, 1 Nelke.
Für das Kraut: 11/2 Pfund Sauerkraut, 1 Eßl. Schmalz, 1 Zwiebel, 1/8 Liter Weißwein, 3–4 Wacholderbeeren, 1 Apfel.

Zwiebel mit Nelke und Lorbeerblatt spicken, in Topf mit Wasser geben und kurz aufkochen. Rippchen hineinlegen und etwa 3–4 Min. kochen, dann 20 Min. ziehen lassen. Damit sie schön saftig bleiben, läßt man sie im Kochwasser erkalten. In Sachsenhausen werden sie meistens kalt gegessen.
Sauerkraut: 1 Eßl. Schmalz in einem Topf erhitzen, eine in Würfel geschnittene Zwiebel glasig dünsten und das aufgelockerte Sauerkraut zugeben, kurz weiterdünsten und dann Weißwein zugießen.

Sollten im Sauerkraut keine Wacholderbeeren sein, geben Sie davon ca. 3–4 selbst dazu. Auch ein in Scheiben geschnittener Apfel verbessert den Geschmack.

Zu Rippchen und Kraut wird Kartoffelbrei gereicht und „Ebbelwoi" getrunken.

„Rippchen mit Kraut" wird gern auch als „Frankforter Gebabbel" bezeichnet – schließlich ist die Unterhaltung dabei von großer Bedeutung!

...und Ebbelwoi

der berühmte Apfelwein, den die Hessen so lieben!
Frisch im Herbst gekelterten Apfelsaft nennt man „Süßer". Durch Gärung wird er dann zum „Rauscher", und in der nächsten Reifephase als „Heller" bezeichnet, bis er schließlich zum „Alten" erhoben wird.
Zum „Speierling" wird er durch Zusatz des Holzapfels. (Der Holzapfel ist eine Apfelsorte, die dem Kelterobst beigegeben wird, um diesem einen herberen Geschmack zu verleihen.)
Der Sachsenhäuser nennt ihn liebevoll „Stöff-che". Er trinkt den Ebbelwoi nicht, sondern „tut en Schoppe blose".
Ein „Ebbelwoi-Geschworener" ist ein Kenner, der in der Lage ist, sich über die Güte des „Stöffchens" ein Werturteil zu bilden.
Aus dem „Bembel", dem Steinkrug, wird er ausgeschenkt, aus gerippten Gläsern getrunken.
Der Heckenwirt J. Werner aus Sachsenhausen

soll 1754 als erster Ebbelwoi gezapft haben. Vorher trank man auch hier Wein, denn Frankfurts nächste Umgebung war, wie Friedrich Stoltze uns überlieferte, „a Paradies von Rewe un Gemies". Ferner meinte der Mundartdichter, daß es eigentlich Karl der Große war, der den Frankfurtern zu ihrem „Nationalgetränk" verhalf, als er sich aus Versehen auf den „Reichsapfel" setzte und von dem auslaufenden Saft kostete!

Fahrbare Obstmühle aus dem Jahre 1898 zur Herstellung von „Ebbelwoi".

Klöße, Aufläufe, Pfannkuchen

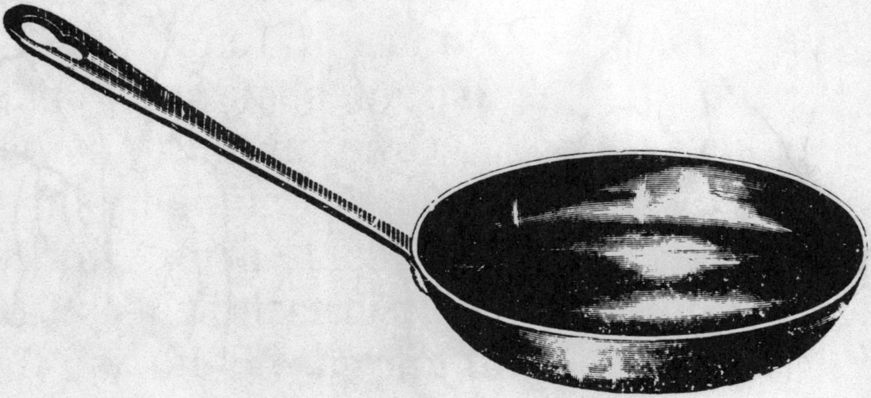

Schnitzelkloß

der Hefekloß im Sud von getrockneten Äpfeln und Pflaumen gebacken – als „Schnitzel" bezeichnet man getrocknete Äpfel.

500 g Mehl, 250 g Butter, 30 g Hefe, 1/4 Liter Milch, 1 Ei, 2 Eidotter, 1 Teel. Salz, 3 Eßl. Zucker, 500 g getrocknete Äpfel, 500 g entkernte Backpflaumen

Hefeteig aus angegebenen Zutaten bereiten und gut gehen lassen.
In einem eisernen Topf oder Bräter Schnitzel und Backpflaumen in 1 1/2 Liter Wasser kalt ansetzen. Hefeteig daraufgeben und Topf gut verschließen. Bei 200 Grad im Backofen backen. Wichtig ist, daß immer genug Flüssigkeit im Topf bleibt! Der Teig sollte beim Einlegen etwa 5 cm hoch vom Dörrobstsaft bedeckt sein.
Der Deckel bleibt nur ca. 40 Min. auf dem Topf

bis der Kloß gar ist, dann offen nachbräunen lassen, denn das Köstliche am Schnitzelkloß ist die Kruste mit dem Obstsaftgeschmack!

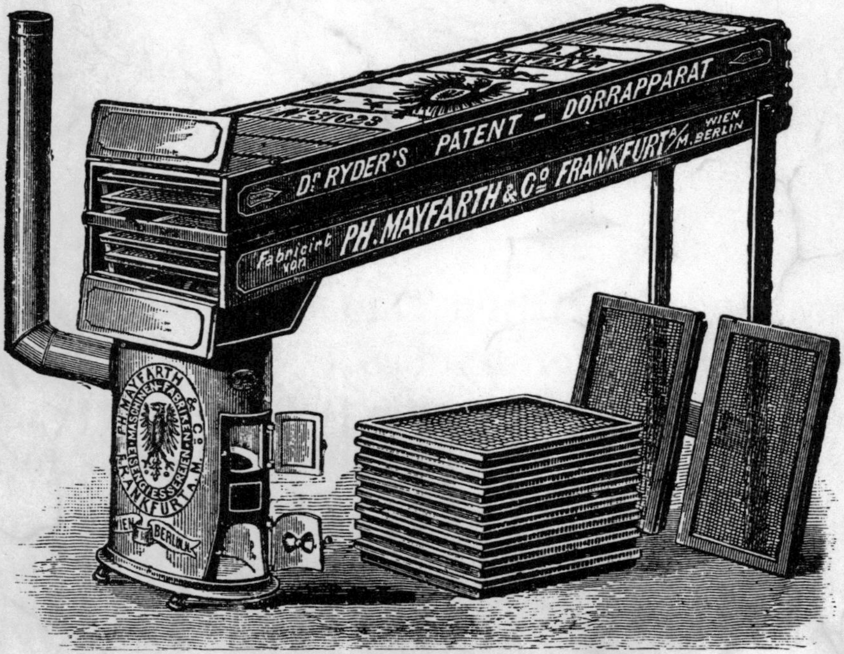

Apparat zum Trocknen von Obst – auch Obstdörre genannt.

Hutzelklöße

die aus der Rhön bekannten Hefeklöße mit getrockneten Birnen (Hutzeln)

500 g Mehl, 20 g Hefe, 1/8 Liter Milch, 60 g Zucker, 1 Prise Salz, 2–3 Eier, 60 g Butter, 250 g getrocknete Birnen

Zuerst Hutzeln 2–3 Stunden in lauwarmem Wasser einweichen. Danach abtrocknen und in Würfelchen zerkleinern.
Aus genannten Zutaten Hefeteig kneten und an einem warmen Ort etwa 30 Minuten gehen lassen. Hutzeln unter den Teig geben, große Klöße formen und in reichlich kochendes Salzwasser setzen. Darin 20 Minuten ziehen lassen. Hutzelklöße werden möglichst heiß gegessen und mit Dörrobstsaft oder brauner Butter gereicht.

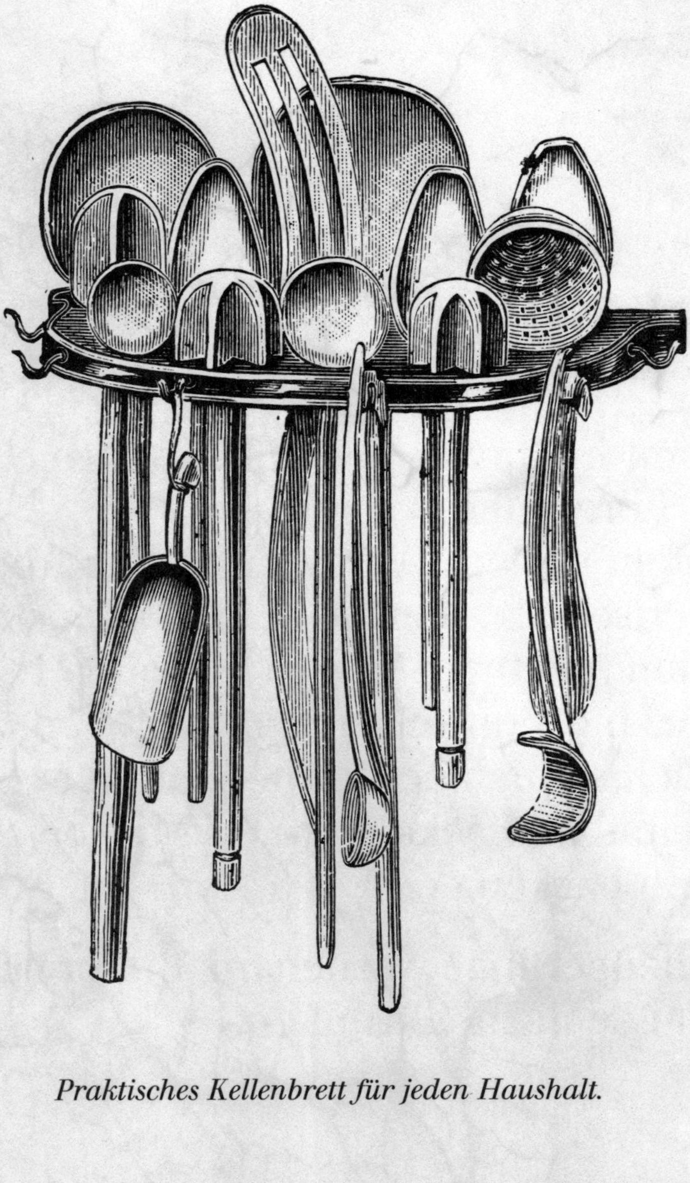

Praktisches Kellenbrett für jeden Haushalt.

Schepperlinge

die Kartoffelplätzchen aus dem Waldeckschen, die man den Helfern bei der Ernte reichte!

400 g Kartoffeln, 2 Brötchen, 3/8 Liter Milch, 2 Eier, 50 g Speck, Salz

Brötchen in lauwarmer Milch einweichen, gut durchrühren und warmstellen.
Kartoffeln reiben, Wasser abgießen und mit einer Prise Salz, den Eiern und eingeweichten Brötchen zu einem Teig verarbeiten.
Ein Backblech mit Speck gut einfetten, aus dem Teig kleine Küchlein formen, auf das Blech setzen und im Backofen ca. 25 Min. bei 200 Grad goldgelb backen.

Die Schepperlinge werden mit Butter bestrichen und Kaffee dazu getrunken.

Getreide-Mäh- und -Bindemaschine aus dem Jahre 1896.

Nesterhebes

gebratener mit Hackfleisch gefüllter Kartoffelkloß, gereicht in einem Nest aus Lauchgemüse (Nesterhebes = das aus dem Nest Gehobene)

Für den Kloßteig: 1000 g rohgeriebene Kartoffeln, 500 g gekochte, geriebene Kartoffeln, 1/8 Liter Dickmilch, Salz
Für die Füllung: 500 g Hackfleisch, 1 Ei, 1 gewürfelte Zwiebel, Pfeffer, Salz
Für das Lauchgemüse: 500 g Lauch, 50 g durchwachsenen Speck, 1/4 Liter Wasser, Kümmel nach Belieben, Salz, 2 Eßl. Mehl, 1 Eigelb.

Aus angegebenen Zutaten Kloßteig herstellen, dabei überschüssiges Kartoffelwasser mittels Leinentuch ablaufen lassen, Klöße mit zubereitetem Hackfleisch füllen, leicht flachdrücken und in Öl oder Fett von beiden Seiten braunbacken. Lauch in mundgerechte Stücke schnei-

den, im Wasser zusammen mit dem Speck, Kümmel und Salz ca. 20 Min. garen. Lauch herausnehmen und warmstellen.
Mehl mit etwas Gemüsebrühe zum Eindicken verrühren, in den Topf geben, vom Feuer nehmen und 1 Eigelb unterziehen.
Die Klöße auf Lauch betten und mit der Soße übergießen.

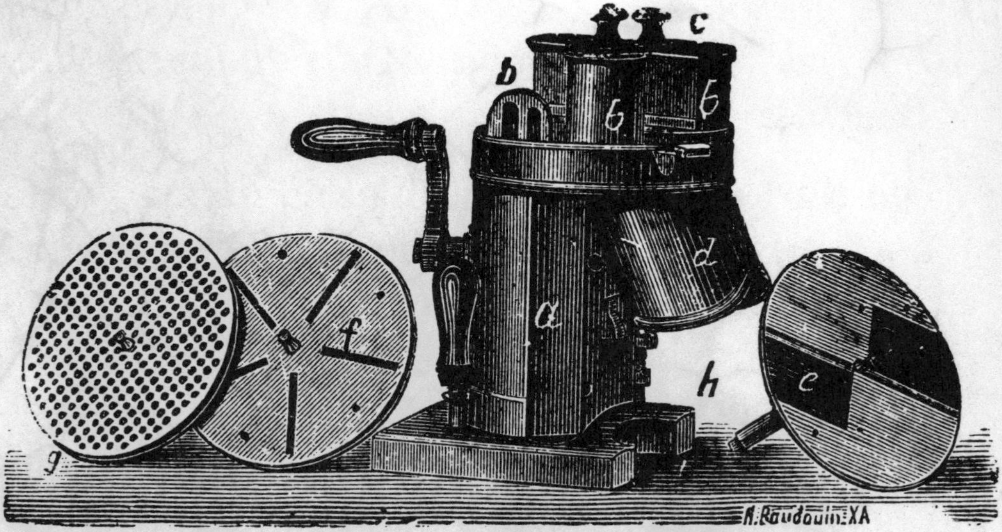

Universal-Reibe- und -Schneidmaschine für Semmeln, Mandeln, Zucker, Muskat, aber auch Bohnen, Gurken, Kartoffeln usw.

Motten mit Klößen

in der Wetterau und im südlichen Vogelsberg werden Karotten (gelbe Rüben) als „Motten" bezeichnet

1 kg Kartoffeln, 750 g Schweinenacken, 2 Eßl. Butter, 2 altbackene Brötchen, etwas Milch, 1 1/2 kg neue Karotten, 1 Zwiebel, 1/2 Liter Fleischbrühe, 1–2 Eier, Muskat, Pfeffer, Paprikapulver, 1 Bund Petersilie.

Die Kartoffeln für die Klöße einen Tag vorher kochen, pellen und abgedeckt stehenlassen. Schweinenacken in Butter rundum scharf anbraten und beiseite stellen. Brötchen in Milch einweichen.
Geputzte Karotten in längliche Stücke schneiden und Zwiebel fein würfeln. Butter in einem Topf zerlassen, Zwiebel darin glasig braten und die Karotten zugeben. Obenauf den angebratenen Schweinebraten legen, etwas Brühe zugeben und gut abgedeckt auf kleiner Flamme

langsam garen. Ab und zu mit Fleischbrühe die verdampfte Flüssigkeit ersetzen.
Inzwischen die Kartoffeln reiben und mit den ausgedrückten Brötchen, 1–2 Eiern und Gewürzen gut vermengen. Daraus große Klöße formen. Fleisch aus dem Topf nehmen, Petersilie gehackt unter die Karotten mischen, Klöße darauf setzen und garen.
Fleisch in mundgerechte Stücke schneiden und vor dem Servieren nochmals in den Karotten erhitzen. Dann alles zusammen in einer großen Schüssel auftragen.

Karotten

Diebchen mit Schustersooß

im nördlichen Hessen bekannt: Mit Dauerwurst gespickte Kartoffelklöße in Specksoße serviert.

400 g rohe Kartoffeln, 500 g gekochte Kartoffeln, 3 Eier, 1/8 Liter Milch, 1 Tasse Mehl, 200 g Dauerwurst, etwas Salz, Majoran, Schnittlauch, Petersilie.
Für die Soße: 100 g fetten Speck, 2 Zwiebeln, 2 Eßl. Mehl, 1 Eßl. Essig, 3/8 Liter Brühe

Die rohen und gekochten Kartoffeln reiben, Kartoffelwasser ablaufen lassen, und mit Mehl, Eiern, Milch, den feingehackten Kräutern und etwas Salz zu einem Teig verarbeiten.
Daraus Klöße formen und dabei die gewürfelte Dauerwurst in die Mitte hineingeben, in kochendem Salzwasser 20 Min. ziehen lassen.
Gewürfelten Speck in der Bratpfanne auslassen,

die feingeschnittenen Zwiebeln darin andünsten, mit Mehl bestäuben und bräunen, Brühe zugeben, glattrühren und sämig kochen. Mit Essig säuerlich abschmecken – dann über die Klöße gießen.
Dazu reicht man Rote Rüben, Gewürzgurken aber auch grünen Salat oder Apfelmus.

Zweischariger Pflug um die Jahrhundertwende.

Beulchen

Kartoffelklöße mit Lauchgemüse und Blutwurst – ein altes Gericht aus dem Vogelsberg.

600 g gekochte Kartoffeln, 150 g rohe Kartoffeln, 150 g Mehl, 1/8 Liter Milch, 1 Ei, Salz, 750 g Lauch (Porree), 50 g Butter, 1/4 Liter Brühe, Muskat, Salz, Petersilie, 500 g Blutwurst

Gekochte und rohe Kartoffeln reiben, Wasser abgießen und mit Mehl, Milch, Ei und Salz zum Kloßteig verarbeiten.
Lauch in fingerlange Stücke schneiden, in Butter kurz anschmoren, dann mit Salz und Muskat würzen, Brühe auffüllen, mit Stärkemehl leicht binden und bei schwacher Hitze garen. Mit Petersilie bestreuen.

Schließlich die Blutwurst in Scheiben schneiden und scharf anbraten, dann über die garen Klöße geben.

Der Ausdruck „Beulchen" bedeutet Beutelchen und rührt offenbar daher, daß man früher den Kartoffelkloß zusammen mit dem Lauch und der Wurst in einem Leinensäckchen oder auch einer zugebundenen Serviette garte.
Wollen Sie diese Art einmal versuchen, dann nehmen Sie die heute im Handel erhältlichen Kochbeutel.

Lauch oder Porree.

Spitzbuwe mit Specksooß

in Salzwasser gegarte Kartoffelröllchen in herzhafter Specksoße.

500 g rohe Kartoffeln, 500 g gekochte Kartoffeln, 120 g Stärkemehl, 2 Eier, 1 Teel. Salz, Pfeffer. Specksoße: 25 g geräucherten Speck, 2 Zwiebeln, 40 g Mehl, 1/4 Liter Milch, 1/4 Liter Wasser, Salz.

Rohe und gekochte Kartoffeln reiben, Wasser abgießen, Eier, Stärkemehl, Salz, und etwas Pfeffer zugeben und alles zusammen zu einem Teig verarbeiten.
Aus diesem fingerdicke Röllchen formen, in reichlich Salzwasser, das man kurz aufkochen läßt, einlegen und darin ca. 20–25 Min. garen – nicht kochen!
In einer Pfanne gewürfelten Speck auslassen, gewürfelte Zwiebeln mit anrösten, Mehl überstäuben und anschwitzen. Unter ständigem

Rühren Milch und Wasser zugeben und ca. 10 Min. zu einer sämigen Soße kochen. Mit Salz abschmecken und die Soße über die gegarten und abgetropften „Spitzbuben" gießen.
Dazu reicht man Kopfsalat oder auch Dörrobst.

Eine köstliche Variante der Specksoße:
Nehmen Sie statt Milch und Wasser saure Sahne mit mindestens 3,5 % Fettgehalt!

Kartoffelsortiermaschine von 1904.

Storzenieren mit Hackklößchen

die hessische Abwandlung des lateinischen Namens für Schwarzwurzel – *scorzonera hispanica!*

500 g Schwarzwurzeln, 300 g Rinderhack, 1 Brötchen, 1 Ei, 1 Zwiebel, Salz, Pfeffer, 40 g Butter, 1/8 Liter Fleischbrühe, 1/8 Liter saure Sahne

Schwarzwurzeln schaben, in Stücke scheiden und schon gleich nach dem Putzen in Milchwasser mit einem kleinen Schuß Essig einlegen – so bleiben sie schön hell! Dann in 1 Liter Salzwasser mit einem Schuß Milch hineingeben und bei kleiner Hitze vorgaren.
Hackfleisch mit dem eingeweichten und wieder ausgedrückten Brötchen, dem Pfeffer und Salz, der gehackten Zwiebel und dem Ei zu einem Teig verarbeiten und kleine Klößchen formen.
Butter in einer tiefen Pfanne auslassen, die

vorgegarten Schwarzwurzeln einlegen, mit Brühe auffüllen und mit den Hackklößchen 10 Min. scharf kochen lassen, so daß die Brühe etwas einkocht.
Zum Schluß saure Sahne zufügen und nochmals abschmecken.
Wer mag, kann noch einige Tropfen Zitronensaft oder einen Schuß herben Weißwein zugeben.
Zu diesem Gericht reicht man Salzkartoffeln.

Schwarzwurzeln.

Storzenieren gebacken

ein anderes Schwarzwurzel-Gericht aus dem nördlichen Hessen.

2 Pfund Schwarzwurzeln, 200 g Mehl, 2 Eier, 1 Teel. Öl, 1/2 Teel. Salz, 1/8 Liter Bier, 1 Zitrone, 2 Liter Wasser

Schwarzwurzeln putzen und in 5–7 cm lange Stücke schneiden. Wasser mit dem Saft einer Zitrone und dem Salz zum Kochen bringen, Schwarzwurzeln einlegen und ca. 25 Min. kochen. Sie müssen fast gar sein. Mit dem Schaumlöffel herausnehmen und auf einem Sieb abtropfen lassen.

Mehl in eine Schüssel geben, in der Mitte Eigelb, Öl, Bier und Salz zufügen und zu einem Teig verrühren. Eiweiß schlagen und unter den Teig heben.

Ausbackfett in einem Topf oder einer tiefen

Pfanne erhitzen, Schwarzwurzeln mit Mehl bestäuben und im Teig wenden und dann im heißen Fett schwimmend ausbacken. Sind sie goldbraun, mit dem Schaumlöffel herausnehmen und abtropfen lassen.
Auf vorgewärmter Platte servieren. Dazu reicht man Kopfsalat.

Sehr oft wird die Schwarzwurzel auch als „Spargel der Armen" bezeichnet. Sie ist sehr gesund und wird besonders älteren Menschen als Mittel gegen Verkalkung empfohlen!

Pferderechen etwa 1900.

Dippekuche

die deftige Auflaufart aus geriebenen Kartoffeln und grünem Speck – auch „Dippedotz" genannt!

1 kg Kartoffeln, Zwiebeln nach Belieben, Salz, 400 g grünen Speck, Grieben.

Kartoffeln schälen, reiben und in einem Sieb abtropfen lassen. Das sich absetzende Kartoffelmehl trennen, mit etwas heißem Wasser glattrühren und wieder unter den Kartoffelteig mischen – ebenso das Salz und die geriebene Zwiebel.

Speck in kleine Würfel schneiden und mit den Grieben in einem Bräter auslassen.
Die Hälfte des Fettes und der Grieben aus dem Bräter nehmen, Kartoffelteig hineingeben und im vorgeheizten Backofen ca. 30–40 Min. backen bis sich eine Kruste bildet. Anschließend aus dem Ofen nehmen, Kuchen auf einen Teller stürzen und nun Grieben und restliches Fett in den Bräter geben, dann den Kuchen mit der

griebenfreien Seite wieder in den Bräter setzen und nochmals 30 Min. backen. Auf vorgewärmter Platte servieren.
Zu diesem herzhaften Gericht trinkt man einen Wetterauer „Klaren" und kühles Bier.
„Dippedotz" wird dieser Auflauf deswegen genannt, weil man den Kuchen zur Einleitung der 2. Backphase umstülpen muß und dabei den Bräter, wenn sich der Kuchen nicht löst „aufdotzen" d.h. etwas anschlagen muß. Ein Dotzer ist ein leichter Stoß!
So spricht man im Hessischen auch von „angedotztem Obst", wenn dies Druckstellen aufweist.

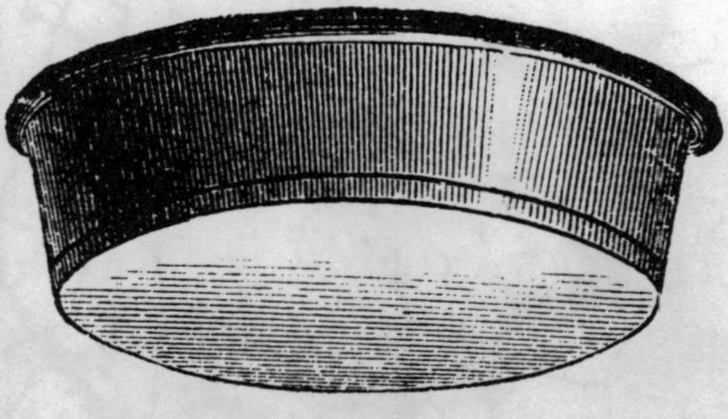

Auflaufform.

Fraaß

der berühmte hessische Auflauf aus Weißkraut und Hackfleisch, von dem man nicht genug bekommen kann!

1000 g Weißkraut, 300 g Hackfleisch, 2 Brötchen, 2 Zwiebeln, 50 g Speck, 40 g Butter, 1/4 Liter Milch, Salz und Pfeffer

Kraut von den groben Strünken befreien und grob schneiden. In Salzwasser kurz aufkochen und abtropfen lassen. Hackfleisch mit den feingeschnittenen Zwiebeln, den in Milch eingeweichten Brötchen, dem gewürfelten Speck, Salz und Pfeffer gut durchkneten.
Auflaufform oder Bräter mit Butter gut ausstreichen und dann das Kraut mit der Fleischmasse vermengt einfüllen. Obenauf Butterflöckchen setzen und im Backofen bei 200 Grad ca. 1 1/2 Std. backen.
Gebietsweise nennt man dieses Gericht auch Krauttopf und füllt abwechselnd eine Schicht

Kraut, eine Schicht Fleisch ein, wobei das Kraut den Abschluß bildet. Dazu reicht man Salzkartoffeln.
Kenner behaupten, daß dieser Auflauf am nächsten Tag aufgewärmt noch besser schmeckt!

Großer Weißkrautkopf.

Oberhessischer Schmandkuchen

als Schmand bezeichnet man im Hessischen süße oder saure Sahne

1 Pfund Brotteig vom Bäcker (ausreichend für 1 Backblech), 14 Pellkartoffeln, 1 Pfund Quark, 3 Eier, 200 g Butter oder Margarine, 1 Tasse Öl, 1/4 Liter saure Sahne, Dörrfleisch oder geräucherten Speck, Mohn nach Belieben

Die erkalteten und gepellten Kartoffeln durch den Fleischwolf drehen, 2 Eiweiß, Butter, Öl, saure Sahne, Salz und Quark dazugeben und zu einem Teig rühren. Die Masse auf den ausgerollten Brotteig streichen, mit Eigelb einpinseln, nach Belieben Mohn darüber streuen und gewürfelten Speck oder Dörrfleisch obenauf geben. Etwa 40–50 Min. bei 180–200 Grad backen. Auch Schmandkuchen sollte heiß gegessen werden. Man trinkt Bohnenkaffee dazu!

Speckpfannkuchen

so wie man ihn in Hessen liebt: Mit Tomaten, Lauch und Pfeffer – goldgelb gebacken!

200 g durchwachsenen Speck, 100 g Tomaten, 100 g Lauch (Porree), etwas Petersilie, Pfeffer.
Für den Teig:
250 g Mehl, 1/2 Liter Milch, 4 Eier, Salz.

Aus genannten Zutaten Teig anrühren und ruhen lassen.
In der Zwischenzeit den in Streifen geschnittenen Speck anbraten, Lauchringe und gewürfelte Tomaten zugeben, pfeffern und weichdünsten.
Butter in einer Pfanne erhitzen, zuerst 1/4 der Speck-Lauch-Tomatenfüllung hineingeben, dann 1/4 des Teiges darüber. Von beiden Seiten goldgelb und knusprig backen.

Dazu grünen Salat und Apfelwein reichen.

Hessischer Schmierkuche

eine Köstlichkeit, die wenig kostet . . .
und möglichst heiß gegessen werden sollte!

750 g Sauerteig (vom Bäcker, möglichst aus Roggenmehl), 750 g Magerquark, 750 g gekochte, feinzerquetschte Kartoffeln, 250 g Dickmilch, 2 Eier, 4 Eßl. Öl, Pfeffer, Salz, 200 g saure Sahne, 1 Eßl. Mehl

Den Sauerteig auf einem Backblech gleichmäßig ausrollen und mit einem etwa 2 cm hohen Rand versehen.
Magerquark, Dickmilch, Kartoffeln, 2 Eiweiß und Öl zu einem glatten Brei verrühren. Mit Salz und Pfeffer abschmecken und auf den Sauerteig auftragen. Die verbliebenen 2 Eigelb mit saurer Sah- und Mehl verquirlen und darüberstreichen.
Im vorgeheizten Backofen bei 180–200 Grad etwa 60 Min. backen und heiß servieren.

Gasbrat- und -backofen von 1896.

Grie Sooß

die berühmte „Grüne Soße", die schon allein mit Pellkartoffeln ein „Gedicht" ist und auch Goethe zu schätzen wußte!

Das Rezept haben wahrscheinlich die Hugenotten aus Frankreich mitgebracht. Jedoch ist es mit Sicherheit keine Kreation von Goethes Mutter Aja, wie fälschlich oft behauptet wird!
Diese Soße wird zu den verschiedensten Sorten Fleisch und Fisch gereicht wie z.B. Ochsenbrust, Schwertfisch, Kochfisch usw.
Seit alters her gehören zur „Grie Sooß" in jedem Fall 7 Kräuterarten, nämlich *Kerbel, Pimpernell, Sauerampfer, Borretsch, Petersilie, Schnittlauch* und *Kresse*
Diese Kräuter sind im wahrsten Sinne des Wortes „die 7 Siegel"!

Regional verschieden gibt es Varianten, denen man zusätzlich noch Dill, Estragon, Liebstöckel, Zitronenmelisse und Spinat hinzufügt.

Zutaten für ca. 4 Personen: Von den 7 genannten Kräutern feingehackt je Sorte etwa 2 Tassen voll, 4–6 hartgekochte Eier, 4 Eßl. Öl, 2–3 Eßl. Essig oder Zitronensaft, 1 Eßl. milden Senf, 1/4 Liter saure Sahne, Salz, weißer Pfeffer.

Eiweiß vom Eigelb trennen, das Eiweiß feinhacken und zu den Kräutern schütten.
Das Eigelb durch ein Sieb streichen, mit Essig und Öl glattrühren, Senf und saure Sahne zugeben und mit Salz und Pfeffer abschmecken.
In diese gut durchgerührte Marinade die Kräuter mit dem feingehackten Eiweiß schütten und nochmals gut durchrühren. Die Soße an einen kalten Ort mindestens noch 2 Std. ziehen lassen, damit sich der Kräutergeschmack voll entfalten kann.
Die „Grie Sooß" sollte weder zu fest noch zu flüssig sein. Verlängern kann man sie durch Zugabe von saurer Sahne oder Joghurt.

Flache Kasserolle.

Fleisch-, Wild- und Fischgerichte

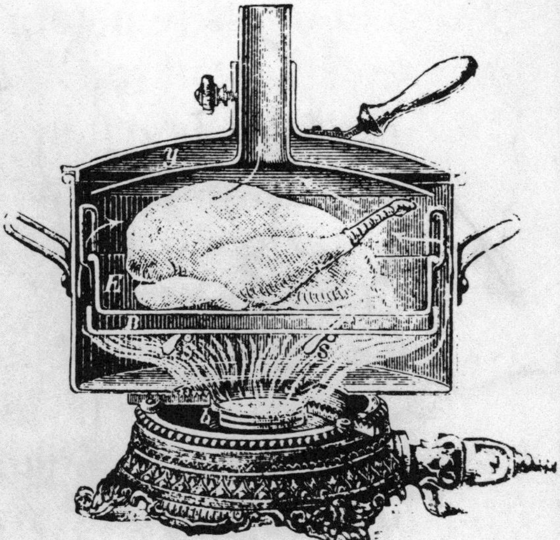

Frankforter Werschtsche

In Frankfurt wurden Kaiser und Könige gekrönt – die „Echten Frankfurter Würstchen" hingegen auf der Weltausstellung in Chicago im Jahre 1893!
Hier bekamen sie die „Höchste Auszeichnung" unter den Würsten und nichts hat den Namen Frankfurts so bekannt gemacht, wie eben diese Würstchen aus feinstem Schinkenfleisch, köstlich gewürzt und leicht geräuchert.
Frankfurter Würstchen sollten niemals gekocht werden und dürfen nur in heißem Wasser ca. 8 Min. ziehen. Beim Hineinbeißen müssen sie knacken.
Wegen dieser Würstchen, die früher bereits als „Krönungswürstchen" den Ochsen am Spieß füllten und eine zeitlang auch als „gederrte Bratwurst" im Handel waren, begann der sogenannte „Wurstkrieg", der 1929 durch ein

Gerichtsurteil beendet wurde:
„Echte Frankfurter" durften von nun an nur noch im Wirtschaftsbereich von Frankfurt hergestellt werden!

Ein Vers aus dieser Zeit belegt:

„Macht sonst nor Worscht, soviel ihr kennt,
das geht uns gar nix aa.
Was „Echte Frankforter" mer nennt,
die mache mer allaa!"

Alte Wurstmaschine Ende 19. Jahrhundert.

Kraut-Sputel

Kasseler Rippchen zusammen mit Sauerkraut und Hefeklößen im Topf gegart

4 Kasseler Rippchen (vorgekocht)
Für die Klöße:
250 g Mehl, 30 g Hefe, 1/8 Liter Milch (lauwarm), 1 Teel. Zucker, 1 Ei, 50 g Butter, Prise Salz
Für das Kraut:
500 g Sauerkraut, 1 Zwiebel, 3 Wacholderbeeren, 1/8 Liter heiße Fleischbrühe, 40 g Schmalz, 1 Eßl. Zucker

Wie bei einem normalen Hefeteig verfahren: Mehl in Schüssel sieben, Mulde bilden, Hefe darin mit 2 Eßl. lauwarmer Milch und Zucker anrühren, mit Mehl abdecken und an einem warmen Ort gehen lassen. Darauf achten, daß der Hefeteig keinem Luftzug ausgesetzt ist. Nach 15 Min. die restliche Milch, Ei, Butter und Prise Salz zugeben, Teig gut durchkneten bis er Blasen wirft und sich vom Boden löst. Weitere

30 Min. gehen lassen und 4 Klöße formen. Währenddessen für das Kraut die Zwiebel würfeln. Diese in feuerfester Form im Schmalz andünsten und hellbraun werden lassen. Darauf das Sauerkraut mit den Wacholderbeeren, Salz, Zucker und Fleischbrühe geben und 15 Min. kochen lassen.
Die Kasseler Rippchen kalt abspülen, abtrocknen und senkrecht in das Kraut stellen, zwischen die Kasseler je einen Kloß setzen, den Topf oder die Form gut verschließen und im vorgeheizten Ofen ca. 50 Min. bei 200 Grad garen.

Die Kasseler Rippchen sind im Gegensatz zu den Frankfurter Rippchen nicht nur leicht gepökelt, sondern auch leicht geräuchert.

Übrigens stammen sie nicht aus der Stadt Kassel, sondern wurden nach einem Fleischermeister namens Kassel oder Kaßler benannt, der im Brandenburgischen gelebt haben soll!

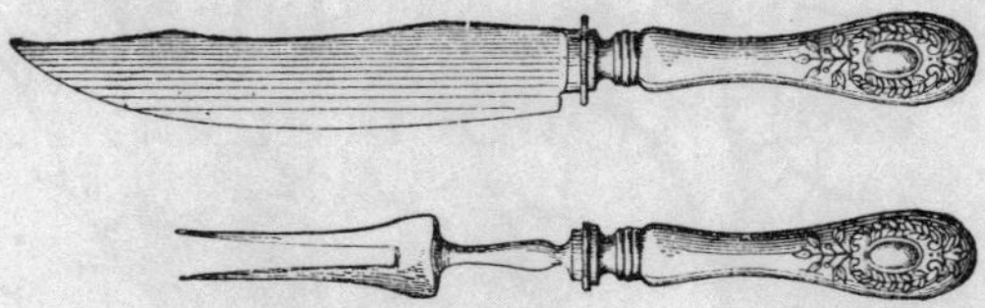

Weckewerk

eine wetterauer Schlachtfestspezialität aus frischen Fleischresten und altbackenen Brötchen

2–3 altbackene Brötchen, 1/4 Liter Fleischbrühe, 750 g Restfleisch (Gehacktes, Schwarten, Schweinefleisch), 2 gehackte Zwiebeln, 1 Teel. Majoran, 1 Teel. Kümmel, Salz, Pfeffer

Fleischreste durch den Fleischwolf drehen, Brötchen in der Fleischbrühe einweichen und mit allen Zutaten gründlich zu einem Teig verarbeiten.

Diesen wie einen Hackbraten formen und in einer Pfanne (oder Bräter) in vorerhitztem Fett 15 Minuten durchbraten, jedoch hin und wieder wenden.

Dazu reicht man Pellkartoffeln und grünen Salat, kühles Bier und eventuell einen Klaren!

An den Schlachttagen wurde man für die vergangene harte Arbeit auf dem Feld reichlich entschädigt.

Solperknochen

gepökeltes Knochenfleisch mit Sauerkraut (Solper = Salpeter, mit diesem Salz wird Fleisch gepökelt.)

1 1/2 kg Solperknochen, 5–6 Pfefferkörner, 1–2 Lorbeerblätter, 5 Wacholderbeeren, 1 große Zwiebel

Die leicht gepökelten Knochen (Schweinsfüße, Schnauze, Ohren, Schwänzchen) über Nacht in kaltes Wasser legen.
Vor dem Kochen alle Gewürze und die in Ringe geschnittene Zwiebel zugeben. Dann abgedeckt etwa 1–1 1/2 Std. garen.
Dazu Sauerkraut, Erbsenpüree und Salzkartoffeln reichen.
Dieses Gericht ist in ganz Hessen zuhause.
„Sulper" oder „Solper" ist in den Metzgereien oftmals bereits gegart erhältlich und wird auch gerne als „Vesperfleisch" mit Senf gegessen.

Darmstädter Haushaltungsherd mit Bratofen, Wärmofen und Wasserschiff von Gebr. Roeder.

Nierscher berscherlich

oder auf hochdeutsch: Nierchen bürgerlich!

500 g Schweinsnieren, 2–3 Eßl. Weinessig oder 1/8 Liter Weißwein, 4 Zwiebeln, 1/8 Liter Brühe, 40 g Butter, 1 Lorbeerblatt, Pfeffer, Salz, 1 Eßl. Mehl

Nieren auf-, aber nicht durchschneiden, Fett und Röhren vorsichtig herausschneiden und in Milch 30 Min. einlegen.
Butter in der Pfanne zerlassen, gewürfelte Zwiebeln darin goldbraun anrösten und an den Pfannenrand schieben.
Nieren aus der Milch nehmen, abtrocknen, in nicht zu dicke Scheiben schneiden, sodann mit Mehl bestäuben und in der Pfanne rundum anrösten.
Brühe mit Essig (oder Wein) langsam zugießen, alles gut verrühren und ca. 5 Min. kräftig auf-

kochen. Dann mit Salz und Pfeffer abschmecken.

Zu diesem Gericht sollte man am besten Nudeln oder Kartoffelbrei und eventuell grünen Salat reichen.

1. Kamm.stück, 2. Cotelettes oder Carbonaden,
3. Keule od. Schinken, 4. Vorderschinken.
5. Ohrwange.

Gerollter Kalbsnierenbraten

wie man ihn so nur in Hessen kennt!

1-2 kg Kalbfleisch (Nierenstück), 1 Kalbsniere, 1 Lorbeerblatt, 2 Zwiebeln, 3 Möhren, 1 kl. Sellerieknolle, 1 Eßl. Mehl, 1/4 Liter Brühe, 1/8 Liter Weißwein, 1/4 Liter Sahne, 60 g Fett, frisch gemahlenen Pfeffer, Rosmarin

Niere reinigen und von den Sehnen befreien (etwas Nierenfett sollte dranbleiben!) Kalbfleisch mit Salz und Pfeffer würzen, Nieren einlegen, einrollen und den Braten mit Schnur fest zubinden. Von außen ebenfalls mit Salz, Pfeffer und Rosmarin einreiben. Fleisch in heißem Fett rundherum scharf anbraten, die zerkleinerten Zwiebeln, Möhren und den Sellerie zugeben und mit anrösten, dann mit wenig Brühe ablöschen. Zugedeckt im Backofen 1 1/2 Std. garen.

Dann das Fleisch herausnehmen und warm stellen. Den Bratensaft kochen, mit Mehl binden, etwas bräunen und mit Brühe und Weißwein angießen. Nochmals aufkochen lassen, durch ein Sieb passieren und die Sahne unterziehen. Wegen der eingelegten Niere wird der Braten in dickere Scheiben aufgeschnitten und mit der Soße serviert.

1. Keule, 2. Nierenstück, 3. Cotelettes, 4. Brust.

Hessischer Gänsebraten

köstlich mit Fleischfüllung, Kartoffelklößen und Rotkraut.

1 Gans, (ca. 5 kg), Innereien: Leber, Magen, Herz, 400 g Schweinehack, 1 kleine Zwiebel, 2 altbackene Brötchen, 2 Eier, 1 Bund Petersilie, Salz, Pfeffer, geriebene Muskatnuß.

Die vorbereitete Gans abtrocknen und leicht salzen und pfeffern.
Innereien durch den Fleischwolf drehen und mit Schweinehack, eingeweichten und wieder ausgedrückten Brötchen, feingehackten Zwiebeln, den Eiern, Gewürzen zu einem Fleischteig verarbeiten. Kräftig würzen und erst zum Schluß die gehackte Petersilie unter den Teig geben. Die Gans damit füllen und zunähen oder klammern. Mit der Brust nach unten in einen Bräter geben, 1/2 Liter Wasser zuschütten und im vor-

geheizten Backofen bei 200 Grad unter häufigem Begießen 1 Std. braten. Gans auf den Rükken drehen und nochmals 1–1 1/2 Std. braten, das Begießen jedoch nicht vergessen! Die letzten 15 Min. Gans mit Salzwasser bepinseln, damit die Haut schön knusprig wird!
Gans aus dem Bräter nehmen und im Backofen warmhalten. Nicht abdecken, sonst wird die knusprige Haut wieder weich. Soße entfetten, abschmecken und binden.
In Hessen gehören zum Gänsebraten unbedingt Kartoffelklöße und Rotkraut.
Das Gänsefett können Sie zu einem köstlichen Brotaufstrich mit Röstzwiebeln, Pfeffer, Salz und Apfelstückchen verarbeiten.

Der Anschnitt.

…mit Käste-Füllung

die klassische Frankfurter Gänsebratenfüllung:

750 g geschälte Eßkastanien, 350 g Rosinen, 1 gewürfelte Zwiebel, Butter, Salz, Pfeffer.

Kastanien in Butter, Salz, Pfeffer und Zwiebeln dünsten. Sobald diese halb gar sind, Rosinen und etwas Wasser zugeben und so lange kochen, bis die Flüssigkeit verdampft ist. Dann die Gans damit füllen.
In und um Kronberg im Taunus finden Sie heute noch große Eßkastanienhaine.
Friedrich Stoltze (1816–1891), der bekannte Frankfurter Mundartdichter, berichtete einst vom „Parre Kännche" (Pfarrer Kännchen), daß dieser an einem Abend in der „Wertschaft zum Rebstock" 14 Gänse-Berzel (so nennt man in Hessen den hinteren Körperteil dieses Federviehs!) nebst der entsprechenden Menge „Käste" verzehrte. Laut Überlieferung soll dieser dazu noch gedämpfte „Ebbl" und 7 Schoppen Deidesheimer verkonsumiert haben!

Das alte „Gasthaus zum Rebstock", das Geburtshaus Friedrich Stoltzes, von dem dieser so manche Anekdote zu erzählen wußte.

Odenwälder Wildragout

für den Liebhaber von Wildspezialitäten.

1 1/2–2 kg Hasenkeulen.
Für die Beize: 1/2 Liter Rotwein, 1/8 Liter Wasser, 1/4 Liter Essig, 2 Lorbeerblätter, 5 Nelken, 4 Pfefferkörner, 6–8 Wacholderbeeren, 1 mittelgroße Zwiebel.
Für die Soße: 2 Zwiebeln, 1 Lauchstange, 1/4 Sellerieknolle, 1–2 Möhren, Pfeffer, Salz, 60 g Butter, 1/4 Liter Fleischbrühe, 1/8 Liter Beize, 1 Tasse Mehl, sauren Schmand.

Zutaten für die Beize in eine Schüssel geben und die Hasenkeulen darin abgedeckt an einem kühlen Ort 24 Stunden ziehen lassen.
Hasenkeulen aus der Beize nehmen, in mundgerechte Stücke teilen, in Mehl wälzen und in heißer Butter anbraten.
Die Zwiebeln, Lauch, Sellerie und Möhren säu-

bern und gewürfelt ca. 1–2 Min. mit anbraten. Dann mit 1/4 Liter Fleischbrühe und 1/8 Liter Beize (gesiebt) ablöschen und das Ganze zugedeckt ca. 2 Stunden leicht schmoren lassen. Mit Salz und Pfeffer abschmecken.
Vor dem Anrichten die Soße durch ein Sieb passieren, saure Sahne unterrühren und damit das Fleisch übergießen.

Die Küche im 17. Jahrhundert.

Dippehas

auf hochdeutsch Wildhase aus dem Schmortopf (Dippe = der Topf)

1 zerlegter Wildhase, 500 g frische Bauchlappen (vom Schwein), Salz, Pfeffer, 60 g Butter, 2 Zwiebeln, Muskat, 1 Lorbeerblatt, 5 Pfefferkörner, 6 Wacholderbeeren, 2 Tomaten, Petersilie, 1/2 Teller geriebenes Schwarzbrot und einen herben Rotwein.

Hasen waschen, häuten und in 12 Stücke teilen, mit Salz und Pfeffer einreiben.
Bauchlappen waschen, trockentupfen und in nicht zu große Würfel teilen. Butter in einem Schmortopf erhitzen und das Fleisch (Hase und Bauchlappen) von allen Seiten gut anbraten. Die kleingeschnittenen Zwiebeln, Muskat, Pfefferkörner, Wacholderbeeren, Lorbeerblatt und die gehäuteten Tomaten zugeben und alles nochmals unter Umrühren ca. 1 Min. anschmoren. Zum Schluß das Schwarzbrot zugeben und

das Ganze mit Rotwein auffüllen, wobei das Fleisch bedeckt sein muß! Im Backofen ca. 2–3 Std. zugedeckt bei mittlerer Hitze schmoren lassen.

Vor dem Anrichten saure Sahne unterziehen und mit gehackter Petersilie bestreuen.

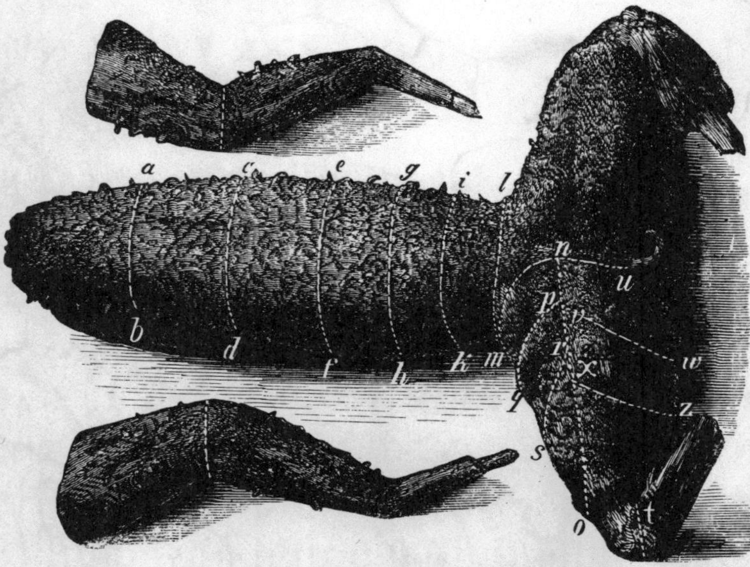

Wie ein Hase zu zerlegen ist.

Hasenkeulen

in würziger Wacholdersoße, wie man sie im Rheingau schätzt!

4 Hasenkeulen, 50 g Schmalz, 65 g durchw. Speck, 1 Speckschwarte, etwa 15 Wacholderbeeren, 2 Lorbeerblätter, 1 Zwiebel, Salz, Pfeffer, 1 Eßl. Stärkemehl, 1/4 Liter Sahne, 1/4 Liter Rotwein (Spätburgunder)

Die gehäuteten Hasenkeulen trocken tupfen und mit etwa 10 geriebenen Wacholderbeeren einreiben, salzen und pfeffern. Schmalz in einen Bräter geben, den gewürfelten Speck, die grobgeschnittene Schwarte und die fein gehackte Zwiebel darin glasig dünsten. Die Hasenkeulen darüber legen, restliche Wacholderbeeren und Lorbeerblätter zufügen und abgedeckt ca. 30 Min. braten. Erst dann den Rotwein dazugießen und nochmals 50 Min. garen lassen.
Danach auf vorgewärmte Platte legen und warmstellen.

Bratensaft mit Stärke binden, kurz aufkochen lassen und Sahne unterrühren. Soße durchsieben und über die Keulen gießen.
Dazu werden Kartoffelklöße (nach Ihrer Wahl), Preiselbeeren und Birnen serviert.
Natürlich trinkt man dazu einen guten Spätburgunder!

Ein Alternativ-Vorschlag:

Es müssen nicht immer Keulen sein! Heute wie früher sind Vorderläufe preiswerter.
Man rechnet pro Person 2 Läufe, verfahre wie oben, decke nur die Läufe noch mit Scheibenspeck (dünn geschnitten) ab, damit sie nicht austrocknen.

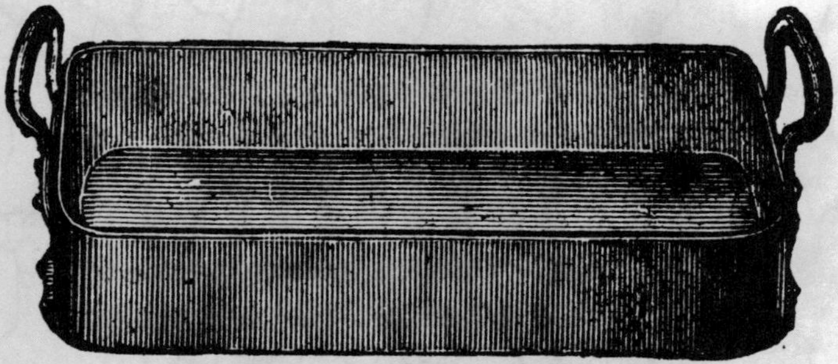

Hasenbratpfanne.

Wetterauer Essigtrauben

die süßsaure Beilage für Fleisch- und Wildgerichte.

Für 1000 g Trauben: 350 g Zucker, 3/4 Liter Weinessig, 1 Zimtstange oder gestoßenen Zimt, 3–4 Nelken, 1–2 Zitronen, Steinguttopf

Trauben von den Stielen befreien und mit Nelken und Zimt in den Steinguttopf geben, Zucker in Weinessig rühren und aufkochen, abschäumen und abkühlen lassen. Noch warm über die Trauben gießen bis diese bedeckt sind, dann mit einem Leinentuch den Topf verschließen.
Nach 5–6 Tagen die Flüssigkeit in einen 2. Topf abgießen, abends aufkochen, und wieder warm über die Trauben gießen.
Diesen Vorgang nach weiteren 5–6 Tagen wiederholen. Erst dann haben die Trauben den richtigen Geschmack.
Es können grüne oder auch blaue Trauben ver-

wendet werden, nur sollten diese möglichst dünnhäutig sein und nicht so starkkernig. Bei Verwendung von grünen Trauben kann der Saft von 1–2 Zitronen den Trauben ihre grüne Farbe erhalten helfen.

... Trauben, die es „in sich" haben!

Hessisches Zwiebelgemüse

als Beigabe zu gebratener Leber, Kassler oder Bratwurst.

10 Zwiebeln, 40 g Butter, 1 Teel. Zucker, 1/10 Liter Apfelwein, 1/10 Liter Fleischbrühe, Salz, Pfeffer, 50 g Rosinen, 20 g geriebene Weißbrotkrume.

Zwiebeln schälen und vierteln. Zwiebelviertel überbrühen und abtrocknen lassen. Dann in Butter anschwitzen, Zucker dazugeben, mit Apfelwein ablöschen, mit Fleischbrühe auffüllen, leicht salzen und pfeffern und zugedeckt garen. Gewaschene Rosinen und Weißbrotkrume ca. 5–6 Min. vor Garzeitende zugeben.

Kleine Küchenzwiebeln.

Schmandhering

deftig mit saurer Sahne und Pellkartoffeln.

4 Salzheringe, 1/2 Liter saure Sahne, 1 sauren Apfel, 2 Zwiebeln, 2 Lorbeerblätter, 4 Wacholderbeeren, 1 Salzgurke.

Salzheringe etwa 12 Stunden wässern, entgräten, enthäuten und in fingerdicke Stücke schneiden. Saure Sahne mit Lorbeerblatt, Wacholderbeeren und einer feingeschnittenen Zwiebel würzen und ebenfalls 12 Std. ziehen lassen.

Zweite Zwiebel in Ringe schneiden, die Salzgurke in Scheiben, den Apfel in Würfel.

In einem Steinguttopf schichtweise Heringstücke, Zwiebelringe, Apfelstücke, Gurkenscheiben und Sahnenmarinade einfüllen. Nochmals einige Stunden durchziehen lassen.

Dazu reicht man heiße Pellkartoffeln und ein kühles Bier.

Speckhecht

wie man ihn in Hessen kennt – gespickt mit durchwachsenem Speck und in saurer Sahne gebraten.

1 großer Hecht (ca. 2 kg), 125 g durchwachsenen Speck, 1/2 Liter saure Sahne, 1 Eßl. Kräuteressig, Saft einer halben Zitrone, Salz, eventuell etwas Pfeffer.

Den ausgenommenen und geschuppten Hecht unter kaltem Wasser waschen und trockentupfen. Mit Essig beträufeln.
Von der Öffnung des Bauches bis hin zum Rückgrat vorsichtig mit einem scharfen, flachgehaltenen Messer die Haut ablösen. Mit einer Spicknadel Speckstreifen schräg nach oben zum Rückgrat hin den Fisch spicken. Schwanz am Unterkiefer befestigen.
Butter in der Pfanne erhitzen, den Hecht hineinlegen und unter öfterem Begießen mit dem heißen Fett ziehen lassen. 20 Min. vor dem An-

richten mit saurer Sahne begießen und leicht weiterbraten lassen. Mit Zitrone und Salz abschmecken. Dazu Salzkartoffeln und grünen Salat reichen.

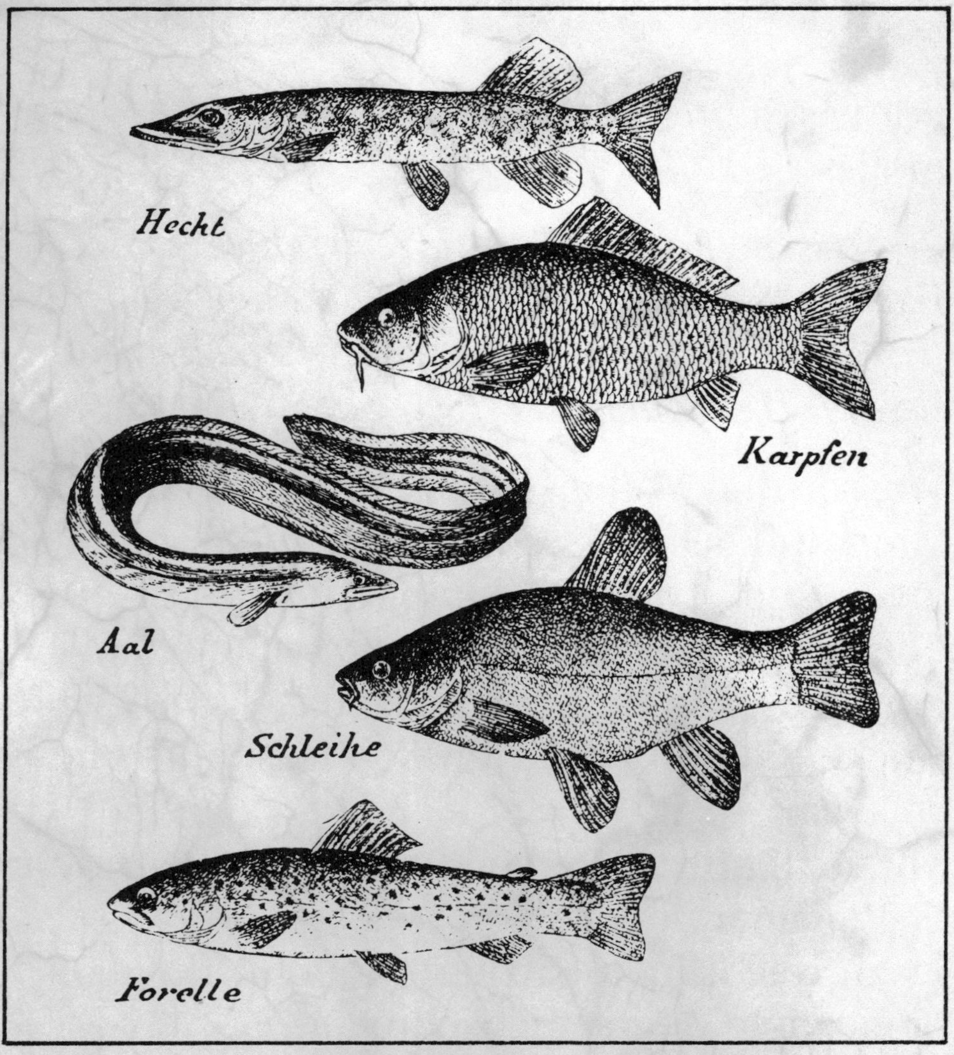

Rhöner Forelle blau

mit frischem Estragon und frischer Zitronenmelisse.

2–4 frische Forellen, 1/4 Liter Weinessig, 1 Liter Wasser, 1 Lorbeerblatt, 1 kleine Zwiebel, 1 Zweig frischen Estragon, 1 Zweig frische Zitronenmelisse, 1 Teel. Zucker, 1 Teel. Salz.

Wasser und Weinessig mit angegebenen Zutaten aufkochen lassen. Die Forellen hineinlegen und etwa 10 Minuten ziehen lassen, jedoch nicht kochen! Zeitdauer je nach Größe der Forellen eventuell etwas länger. Wenn sich die Rückenflossen leicht ablösen lassen, ist die Forelle gar.
Vorsichtig herausheben und mit heißer brauner Butter übergießen.
Dazu reicht man Salzkartoffeln, „Grie Sooß" oder auch Meerrettichschmand.

Das „Geheimnis" dieser Zubereitung liegt allein in der Verwendung von frischem Estragon und frischer Zitronenmelisse!

Praktische Fischkasserolle mit Heber.

Süßspeisen

Schwarzer Magister

ein altes, doch unpolitisches Gericht, das man in Hessen auch heute noch nicht vom Speisezettel gestrichen hat!

375 g entkernte Backpflaumen, 1 Zitrone, 100 g Zucker, 1 Paket Zwieback, 1/8 Liter süße Sahne, Eiweiß und Eigelb von 4 Eiern, 1/2 Fläschchen Bittermandelöl, etwas Zimt.

Backpflaumen etwa 12 Stunden in Wasser einweichen. Mit 25 g Zucker, einem Stück Zitronenschale und etwas Zimt 20–30 Min. bei kleiner Hitze dünsten.
Dann die Pflaumen auf einem Sieb abtropfen lassen, den Saft auffangen und kaltstellen.
Eine Auflaufform fetten und mit Zwieback auslegen. Darauf Backpflaumen im Wechsel mit Zwieback schichten, bis die Form gefüllt ist.
Die Schichten schließen mit Zwieback ab.
Den Pflaumensaft mit 4 Eigelb, dem restlichen Zucker, Zimt, dem Bittermandelöl, Zitronensaft

und der geriebenen Zitronenschale mischen. Das steifgeschlagene Eiweiß und die geschlagene Sahne unterziehen. Sodann diesen Pflaumen-Sahne-Schaum über die oberste Schicht Zwieback gießen und im vorgeheizten Backofen bei mittlerer Hitze 30 Minuten backen.
Dazu Vanillesauce, heiß oder auch kalt, servieren.

Blaue Pflaume oder Zwetsche.

Karthäuser-Klöße

ein besonders an heißen Tagen köstliches und preiswertes Gericht.

8 altbackene Brötchen, 1 Liter heiße Milch, 3 Eier, 50 g Zucker, eine Prise Salz, 100 g Butter, 1/2 Teel. Zimt, die abgeriebene Schale einer halben Zitrone.

Brötchen rundherum abreiben und Bröselmehl bereitstellen. Etwa die Hälfte des Zuckers mit dem halben Teelöffel Zimt mischen und bereitstellen. In einer Schüssel die Eier, den restlichen Zucker, die Zitronenschale und das Salz verrühren, Milch zugießen und abermals durchrühren. Die halbierten Brötchen hineinlegen und 15 Min. weichen lassen.

Dann herausnehmen, abtropfen lassen und im Bröselgemisch wenden. In einer Pfanne mit Butter von beiden Seiten goldbraun ausbacken, dann in der Zucker-Zimt-Mischung wenden und auf einer warmen Platte anrichten. Dazu wird Apfelweinsoße gereicht.

Ebbelwoisooß

3/8 Liter Apfelwein, 1/8 Liter Wasser, 4 Eier, 70 g Zucker, 20 g Speisestärke.

Apfelwein und Wasser mit Zucker in einem emaillierten Topf aufkochen.
Stärke mit etwas Wasser anrühren, in die Flüssigkeit gießen und kräftig rühren, bis die Flüssigkeit eindickt. Topf vom Feuer nehmen.
4 Eigelb mit etwas heißer Soße verquirlen, in den Topf geben und durchrühren.
Das übriggebliebene Eiweiß zu Schnee schlagen, vorsichtig unter die Soße heben und kaltstellen.

Kirschenmichel

die süße Auflaufart, wie man sie im Rhein-Main-Gebiet bereitet.

1000 g Kirschen (entkernt), 125 g Butter, 125 g Zucker (bei Süßkirschen 100 g), 4–5 Eigelb, 3/8 Liter Milch, 5 altbackene Brötchen, die abgeriebene Schale einer Zitrone

Brötchen in Scheiben schneiden, mit heißer Milch übergießen und einziehen lassen.
Butter, Zucker, Eigelb und die geriebene Zitronenschale schaumig schlagen und nach und nach unter die abgekühlte Brötchenmasse rühren.
Dann Eiweiß steifschlagen und zusammen mit den Kirschen vorsichtig unter die Brötchenmasse heben.
Das Ganze in eine gut ausgebutterte Auflaufform geben und im Ofen bei 180 Grad ca. 60 Min. backen. Nach ca. 30 Min. Butterflöckchen oben draufsetzen.

Dieser Auflauf kann warm oder kalt gegessen werden, er ist immer köstlich!
Seine Zubereitung ist jedoch gebietsweise verschieden. Sie können Schattenmorellen oder auch Süßkirschen nehmen, mit Zimt würzen oder auch die Brötchenscheiben erst in Butter anrösten oder eventuell mehr Eier verwenden!

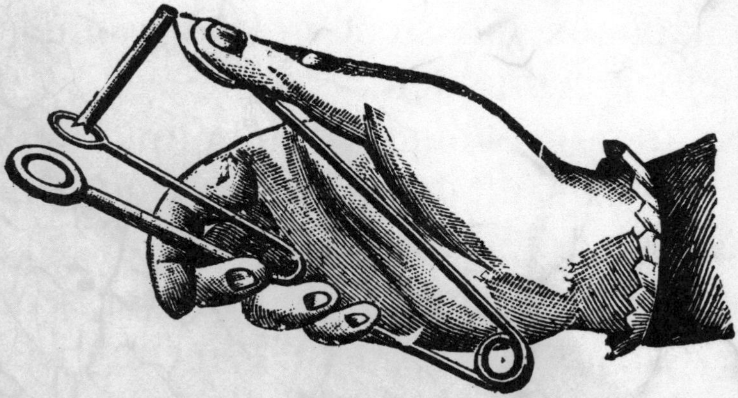

Neuartiger Kirschentkerner.

Ebbelränzscher

oder Apfelringe im Mehlteig gebacken.

500 g Äpfel, 200 g Mehl, 50 g Zucker, 5 Eier, 1/8 Liter Bier, 1 Eßl. Rum, 1 Eßl. Kirschwasser, 1 Prise Salz, 150 g Butter, 1 Tasse lauwarme Milch, die geriebene Schale einer halben Zitrone.

Äpfel schälen, mit dem Messer vorsichtig das Kerngehäuse ausstechen und in fingerdicke Scheiben schneiden.
Mehl in eine Schüssel geben und Mulde bilden. Den Zucker mit dem Eigelb hineinrühren. Nach und nach den Rum, das Kirschwasser und Bier (statt Bier können Sie auch Wasser nehmen) und die Milch unterrühren und zu einem glatten Teig verarbeiten. Etwa 1 1/2 Std. ruhen lassen.
5 Eiweiß steifschlagen und vorsichtig unter den Teig heben.
Zum Backen Fett in einem Topf erhitzen, die Apfelringe in den Teig tauchen und im Topf goldgelb backen.

Anschließend auf eine vorgewärmte Platte legen und mit Puderzucker oder einer Zucker- und Zimtmischung bestreuen.

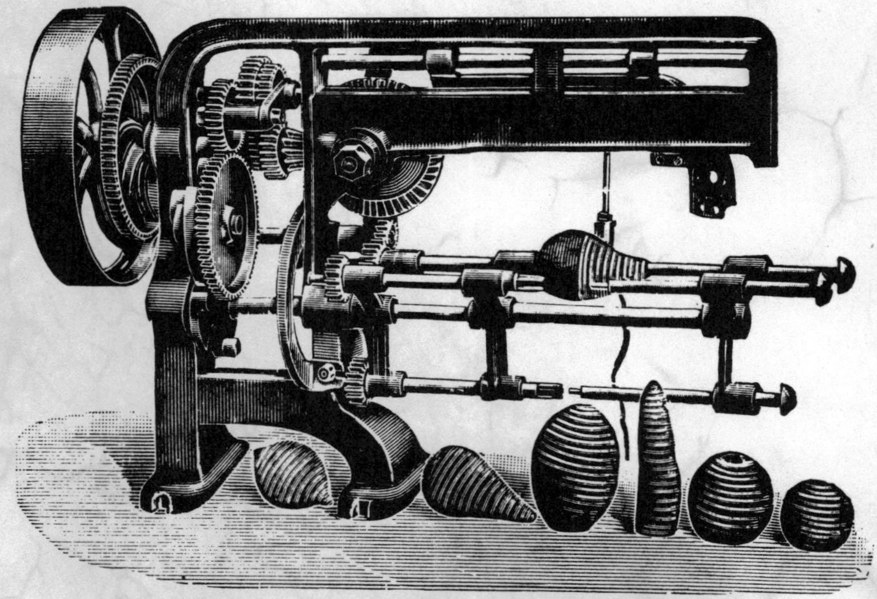

Universal-Obst- und -Kartoffelschälmaschine.

Frankforter Pudding

ein altes Rezept – von Bernhard Büdel variiert!

20 g Butter, 30 g Brösel für die Form, 60 g Butter, 2 g Zimt, abgeriebene Schale einer halben Zitrone, 60 g Zucker, 1 Ei, 1 Eigelb, 35 g Rotwein, 1 Teel. Kirschwasser, 80 g Brösel, 35 g geriebene Nüsse, 2 Eiweiß

Eine Auflaufform mit Butter und Bröseln ausstreichen. Butter, Zimt und abgeriebene Zitrone mit der Hälfte des Zuckers schaumig rühren. Ei und Eigelb nach und nach unterrühren, ebenso die mit Rotwein und Kirschwasser getränkten Bröseln und Nüsse.
Eiweiß mit dem übrigen Zucker zu steifem Schnee schlagen und unter die Masse heben. Dann in die Form füllen und im Ofen im Wasserbad 35 Minuten bei 180 Grad backen. Dazu die Rotweinsauce servieren!

...mit Rotweinsooß

0,4 Liter Rotwein, 120 g Zucker, etwas Zimtstange, 1 Streifen Zitronenschale, 1 Nelke, 10 g Maizena, 40 g Rosinen

Rotwein, Zucker, Zimt, Zitronenschale und die Nelke aufkochen. Mit der angerührten Stärke binden. Rotweinsauce durch ein Sieb gießen und die eingeweichten Rosinen als Einlage in die Sauce geben.
Getrennt zum Frankfurter Pudding reichen.

Gebäck

Frankforter Kranz

der über Frankfurt weithinaus bekannte Kranzkuchen mit Buttercremefüllung.

200 g Butter, 7 Eier, 280 g Zucker, 175 g Mehr, 1 kl. Tütchen Backpulver, 80 g Stärkemehl, geriebene Schale 1 Zitrone, 1 Schuß Rum, Ananasmarmelade, gemahlene und gebrannte Mandeln.
Cremefüllung:
250 g Zucker, 1/2 Tasse Wasser, 500 g Butter, Eigelb von 8 Eiern

Butter, Zucker, Eier und geriebene Zitronenschale miteinander gut vermengen. Mehl, Backpulver und Stärkemehl nach und nach zuschütten und alles gut durchrühren.
Eine Kranzform ausfetten, mit Mehl bestäuben, Teig hineingeben und im vorgeheizten Ofen etwa 3/4 Std. bei 180 Grad backen.
Für die Cremefüllung in einem Topf Zucker und Wasser verrühren und zu einem Sirup aufkochen lassen. Eigelb schaumig schlagen und

den Zuckersirup unterziehen. Dann die Butter löffelweise dazugeben und schlagen. Etwa 1 Std. kaltstellen.
Den gebackenen und abgekühlten Kranz horizontal 2mal durchschneiden und auf die Schnittflächen ein paar Tropfen Rum träufeln und Ananasmarmelade dünn aufstreichen. Dann die Buttercreme darüber geben und wieder aufeinandersetzen.
Zum Schluß alle Seiten mit Buttercreme bestreichen und die grob gemahlenen und gerösteten Mandeln darüberstreuen.

Frankfurter Kranz

Eisenkuchen

Zum Einstippen in Kaffee oder heiße Schokolade!

2 Pfund Mehl, 1 Würfel Hefe (30–40 g), 150 g Zucker, 1 gestr. Teel. Salz, 40 g Fett, 1/4 Liter Milch.

Das gesiebte Mehl in eine Schüssel geben, Mulde bilden und in dieser die Hefe mit Zucker und lauwarmer Milch anrühren, mit Mehl bedecken und ca. 10 Min. gehen lassen.
Danach das Fett und die restliche Milch mit Salz und Zucker zugießen und gut durchkneten.
Je besser der Hefeteig verarbeitet wird, desto lockerer wird der Kuchen.
Teig in gefettete Backform geben und nochmals an einem warmen Ort und mit einem Tuch bedeckt etwa 30–40 Min. gehen lassen.
Dann im vorgeheizten Backofen bei mittlerer Hitze 30–40 Min. goldgelb backen.

Honiglebkuchen

500 Gramm Kunsthonig, 1/4 Liter Wasser, 250 Gramm Haferflocken, 125 Gr. Zitronat, 500 Gramm Zucker, 12 Gramm Hirschhornsalz 3 ℔ Mehl, etwas Zimmt, Zitronenschale

der Honig wird mit dem Wasser in der Wärme zum Zerlaufen gebracht. die Haferflocken, das feingeschnittene Zitronat und der Zucker dazu geben, dann das mit dem Hirschhornsalz vermischte Mehl, die Zitronenschale und der Zimt oder Zimtersatz.
der Teig wird 1/2 cm. dünn ausgerollt und die Stücke ganz dicht aneinander auf das gut gefettete Blech gesetzt. der Kuchen wird heiß in rechteckige Stücke geschnitten und mit Zuckerguß glasiert.

Rumkugeln.

6 Esslöffel Milch, 1 Esslöffel Fett 1 Tasse Zucker, 1 Esslöffel Kakao oder roten Zucker, 2 Tassen Haferflocken Rumaroma.

Zubereitung: In die Milch Fett, Zucker, Kakao hineintun und dann 5 Minuten gut durchkochen lassen. die Haferflocken nach dem Kochen darunter mischen, ebenfalls das Rumaroma.
Mit dem Teelöffel kleine Kugeln zum Trocknen auf ein Blech legen. Dies Rezept ergibt ungefähr 45 Stück.

---

4. Januar 1943!

Hanauer Brezeln

vorzüglich bei festlichen Gelegenheiten.

Für 10 Brezeln: 25 g Hefe, 75 g Weißbier, 250 g Mehl, 60 g Butter, 30 g Zucker, 1 Ei, 1 Eigelb, abgeriebene Schale einer halben Zitrone, Eistreiche.
Zum Bestreichen: 30 g Butter.
Zum Bestreuen: 50 g geriebene Mandeln, 50 g Puderzucker

Hefe im lauwarmen Bier auflösen. Mehl in eine Schüssel sieben, eine Mulde bilden, aufgelöste Hefe eingießen, übrige Zutaten beigeben und kneten bis der Teig Blasen wirft.
Nach dem ersten Aufgehen eine Walze formen, diese in 50 g aufteilen. Teigstücke zu 30 cm langen Strängen rollen, Brezeln daraus formen, auf ein gefettetes Backblech legen und 20 Min. gehen lassen. Mit Eistreiche bepinseln und im vorgeheizten Ofen backen. Zum Schluß die heißen Brezeln mit zerlaufener Butter bestreichen, mit Mandeln bestreuen und mit Puderzucker bestäuben.

Backstube im vergangenen Jahrhundert.

Frankforter Brenten

das seit alters her bekannte Marzipangebäck, das auch Goethe zu schätzen wußte (Brenten = printen, drucken)

500 g Rohmarzipan, einige Tropfen Rosenwasser (aus der Apotheke), 120 g Puderzucker, 20 g Mehl, 1 Eiweiß

Rohmarzipan mit einigen Tropfen Rosenwasser, Puderzucker und dem rohen Eiweiß zu einem festen Teig verarbeiten. Etwas ruhen lassen, dann auf einem mit Zucker bestreuten Brett etwa 4 cm dick ausrollen.
Die bekannten dafür vorgesehenen Holzformen mit Mehl ausstreuen und in den Teig drücken. Dann vorsichtig aus der Form auf ein bemehltes Brett stülpen und 24 Std. an der Luft, jedoch in geschlossenem Raum, trocknen lassen.
Ein Backblech mit gefettetem Pergamentpapier auslegen, Brenten daraufsetzen und bei ca. 160 Grad 25 Min. backen bis sie hellbraun werden.

Frankfurter Brenten kannte man im Hessischen bereits im 16. Jahrhundert. Die dazu erforderlichen geschnitzten Holzformen wurden von Generation zu Generation vererbt. Sie zeigen eine Vielfalt von Motiven aus der Natur: Vögel, Häschen, Blumen, Obst.
Auch Goethe war nachweislich ein großer Liebhaber von Brenten und ließ sich diese gern von Mutter Aja nach Weimar schicken.

Brenten-Formen

Frankforter Bethmännchen

eine weitere traditionsreiche Variante des Frankfurter Marzipankonfekts.

Für ca. 30 Stück: 250 g Rohmarzipan, 80 g Puderzucker, 40 g Mehl, 65 g gemahlene Mandeln (geschält!), 1 Ei, ganze, geschälte Mandeln

Das Rohmarzipan mit dem Puderzucker, Mehl, den gemahlenen Mandeln und Eiweiß zu einem Teig kneten. Daraus kleine Kugeln formen, in die dann jeweils 3 halbierte Mandeln mit den Spitzen nach oben gedrückt werden. Diese auf ein gefettetes Backblech setzen und mit Eigelb bestreichen (1 Eigelb mit 1 Eßl. Wasser) und sie im Backofen bei etwa 150 Grad 15 Minuten backen lassen.
In den Aufzeichnungen des Frankfurter Zuckerbäckers Hahner wird diese echt „Frankforteri-

sche Läckerei” im Jahre 1840 zum ersten Mal erwähnt und näher beschrieben.
Die anfängliche Vierzahl, der an diesem Konfekt haftenden halben Mandeln, so erzählt man sich, deuteten auf die vier Söhne (Moritz, Karl, Alexander und Heinrich) des damals hochverehrten Staatsrates Simon Moritz von Bethmann hin.
Eine der vier Mandeln wurde weggelassen, als Heinrich 1845 jung verstarb.

Praktische Mandelmühle.

Getränke

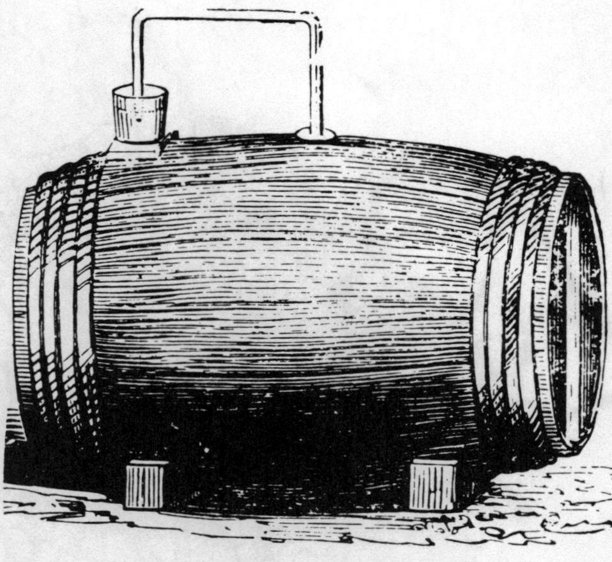

Ebbelwoi-„Grog"

für kalte Wintertage und gegen Erkältungskrankheiten.

1 Liter Apfelwein, 1 Teelöffel Zimt, 2 Nelken, 1/2 Zitrone, Zucker.

Den Apfelwein zusammen mit dem Zimt, den Nelken und der ausgedrückten Zitrone in einem emaillierten Topf kurz aufkochen lassen.

Dann vom Feuer nehmen und mit Zucker abschmecken.

Frucht- und Saftpresse

Reformierter Tee

Tee mit Milch, Gewürzen und Eigelb – wie man ihn in Südhessen zum Abendbrot reicht!

1 Teel. schwarzen Tee, 1/2 Liter Wasser, 1 Liter Milch, 1 Eßl. Zucker, 1 Teel. Zucker, 1 Teel. Zimt, 1 Päckchen Vanille, 3–4 Eigelbe.

Schwarzen Tee mit kochendem Wasser überbrühen.

Je nach Geschmack Zucker, Zimt und Vanille in die Milch geben und kurz aufkochen. Schließlich wird der aufgebrühte Tee durch ein Sieb in die heiße Milch gegeben und noch 3–4 Eigelbe dazugerührt, um das Ganze nochmals kurz aufkochen zu lassen. Dann in Teegläsern servieren!

Teeglas mit Halter

Kalte Ente

ein einfaches, doch beliebtes Getränk für heiße Tage!

Etwa 1 Liter Apfelwein, 1 Eßlöffel Zucker, 2–3 Zitronenscheiben (mit ungespritzter Schale!), 1 Flasche Mineralwasser.

Den gekühlten „Ebbelwoi" in eine Karaffe gießen und Zucker sowie die Zitronenscheiben dazugeben.
Dann etwa 20 Minuten ziehen lassen.

Je nach Geschmack eventuell noch Mineralwasser hineingeben und die „Kalte Ente" ist fertig!

Wohl bekomm's!

Stöffschebowle

als „Stöffchen" (von Stoff) wird im Hessischen Apfelwein bezeichnet – hier also die Bowle aus „Ebbelwoi"!

3 Bananen, 4 Orangen, 3 Eßl. Zucker, 3 Schnapsgläschen Calvados, 2 Liter Apfelwein, etwas Zitronensaft, geriebene Zitronenschale.

Die Bananen und Orangen schälen, in kleine Stücke schneiden und dann in ein Bowlengefäß geben.

Zucker darüberstreuen, den Calvados dazuschütten und alles etwa 30 Minuten ziehen lassen.

Dann den gekühlten „Ebbelwoi" dazugießen und mit dem Zitronensaft und der Zitronenschale abschmecken.

Maibowle

auch Maiwein oder Waldmeisterbowle genannt.

Je nach Bedarf auf 1 Liter Weißwein 3–5 g Waldmeisterkraut (ohne Blüten) und etwa 30–40 g Zucker.

Zunächst 1 Flasche Weißwein mit der gewünschten Menge Waldmeister und Zucker in einer Bowle ansetzen und zugedeckt etwa 1/2 Std. stehen lassen.
Dann die Kräuter bis auf einen kleinen Rest wieder herausnehmen und je nach Bedarf und Geschmack weitere Flaschen Weißwein dazugeben und umrühren.
Verbessert werden kann diese Maibowle noch durch 1 Flasche Champagner, den man vor dem Servieren dazugibt. Dafür vorher entsprechend weniger Weißwein nehmen.
Auch durch Zugabe von Zitronenmelisse, Pfefferminzblättern oder schwarze Johannisbeerblättern erhält die Maibowle zusätzlich einen erfrischenden Geschmack.

Bowle mit Gläsern

Meth

der uralte Germanentrunk – noch um die Jahrhundertwende auch im Hessischen bekannt – gebraut aus Wasser und Bienenhonig!

Man lasse in einen recht reinlichen, kupfernen Kessel 50–60 Liter weiches Wasser bringen. Ist dies ziemlich warm geworden, so werden etwa 6 Liter Honig hineingerührt, und man läßt Wasser und Honig recht gelinde 1 1/2 Std. sieden. Zeitweilig wird der schmutzige Schleim, der sich oben ansetzt, abgeschöpft.
Sobald dieser Sud dann so weit abgekühlt ist, daß er noch mehr Wärme hat als jenes Wasser, das in starker Sonnenhitze erwärmt wurde, so wird er in ein sehr sorgfältig gereinigtes Faß gebracht, der Spund wird darauf gelegt, aber nicht befestigt. Ist der Keller ziemlich warm, dann beginnt nach 5–10 Tagen die Gärung („wilde" Gärung ohne Hefezusatz). Nach ungefähr 14 Tagen wird dieser junge Meth in ein anderes Faß abgezogen – die auf dem Grund entstan-

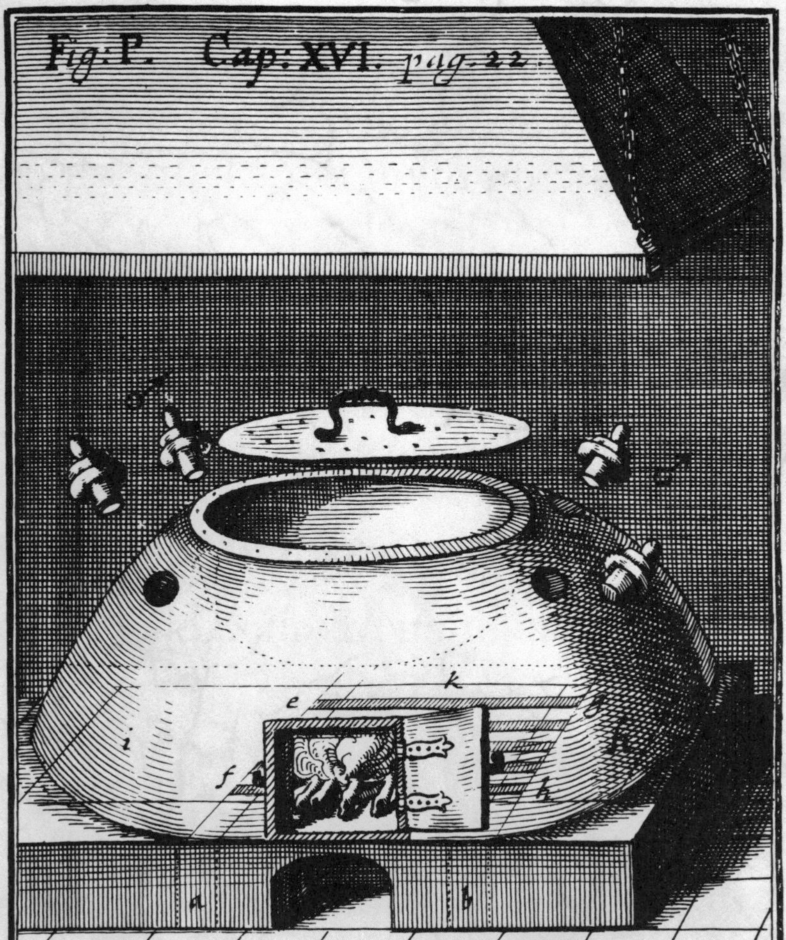

Ofen für großen Siedekessel zur Meth-Herstellung Mitte 17. Jahrhundert.

dene „Hefe" muß natürlich zurückbleiben.
Im zweiten Faß dauert die Gärung ungefähr 10 bis 14 Tage, und wenn der Honigwein ganz ruhig wird, daß man im Fasse nichts mehr hört, dann wird das Spundloch geschlossen. Nach 3–4 Wochen kann dann der Meth hell und trinkbar auf Flaschen abgezogen werden. Gut verkorkt und in kalten Sand gebracht, moussiert er in einigen Tagen ziemlich stark.
Dieser so zubereitete Meth ist nicht allein ein sehr gutes und kräftiges Getränk für Gesunde, sondern wird, da er leicht gekühlt gehalten wird, auch von Fieberkranken gern getrunken.

Er hat allgemein einen Alkoholgehalt von 8–12 Vol. %.

Köstliches
aus der alten
Westfälischen
Küche
eine Auswahl
typisch westfälischer
Kochrezepte
vom Lande
Kock

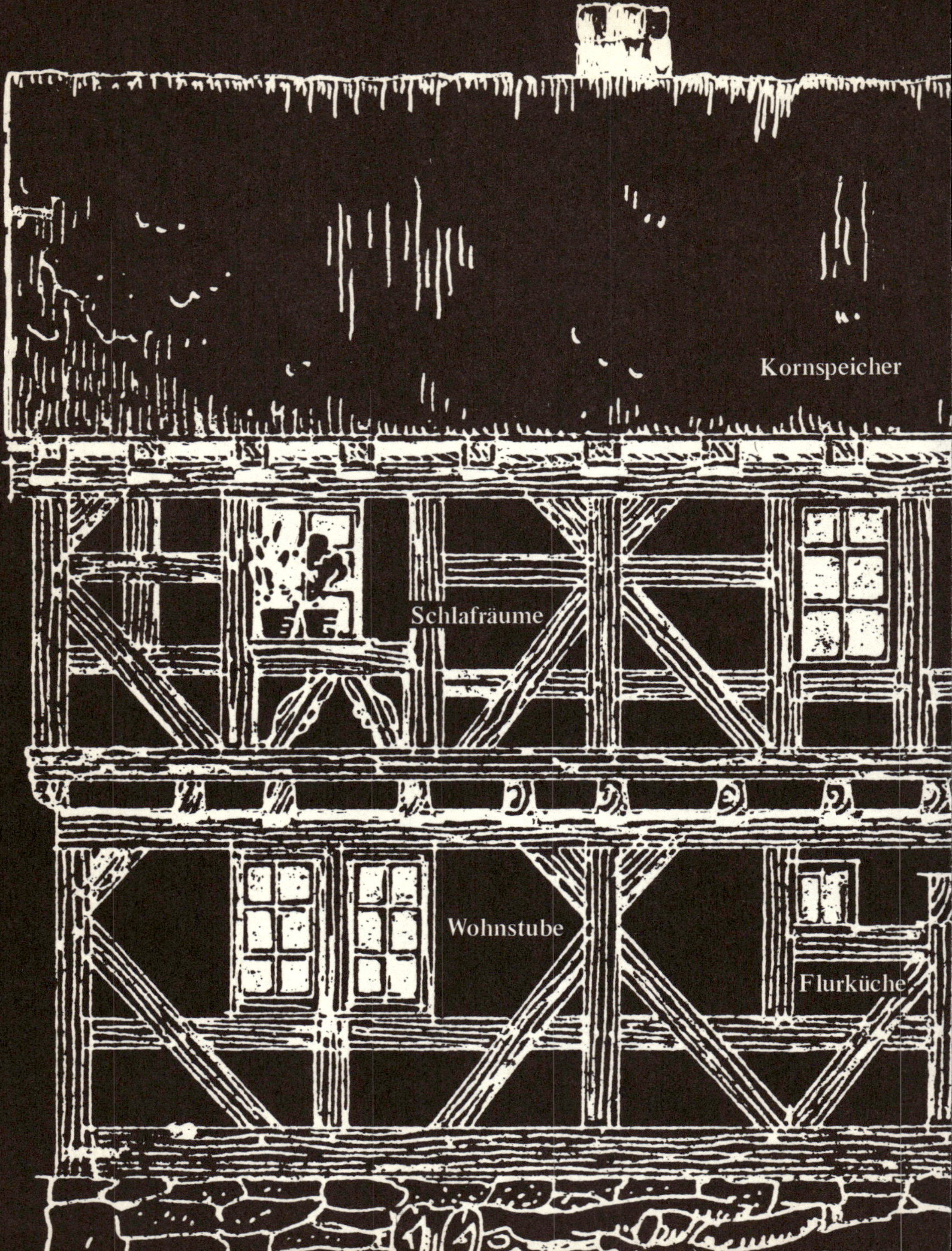

Hessisches B